Filosofía del marketing

Una breve introducción

Madrid, 2026

Javier Jaspe Nieto

Filosofía del marketing

Una breve introducción

Marzo, 2026

Filosofía del marketing: Una breve introducción
Javier Jaspe Nieto

© 2026, ESIC EDITORIAL
Avda. de Valdenigriales, s/n
28223 Pozuelo de Alarcón (Madrid)
Tel.: 91 452 41 00
www.esic.edu/editorial
@EsicEditorial

ISBN: 978-84-1192-246-3
Depósito Legal: M-5282-2026

Diseño de cubierta: Zita Moreno Puig
Maquetación: Santiago Díez Escribano
Lectura: Myriam Mieres
Impresión: Gráficas Dehon

Una publicación de

Impreso en España – *Printed in Spain*

Este libro ha sido impreso con tinta ecológica y papel sostenible.

A Elisenda, Juan y Jacobo

«Lo bueno, si breve, dos veces bueno. Y aun lo malo, si poco, no tan malo».

Baltasar Gracián. *Oráculo manual y arte de prudencia*, CV.

«El hombre tiene que recurrir a la materia para pagar las deudas del espíritu. ¡Argumento terrible en favor del alma!».

Mariano José de Larra. *La Nochebuena de 1836.*
Yo y mi criado. Delirio filosófico.

Índice

Agradecimientos

Es de justicia dedicar el debido agradecimiento a todos aquellos colegas y amigos que han alimentado incansablemente mi interés por la filosofía, compartiendo sus pensamientos, discutiendo conmigo (las más veces), recomendando lecturas y, en definitiva, lanzando un flotador para evitar el hundimiento en el océano de la burocracia y la propaganda. Gracias a mis compañeros César García, Miguel Ángel Millán, Alberto Morán, José Manuel López-Agulló, Pedro Uribe, Iván Rebull, Enrique Ulecia, Teresa Crespo e Isabel Solanas. Gracias, también, a mis amigos Pablo Biscari, Lucas Uriarte, Álvaro Kramer, José Francisco Ponce, Álvaro Yuste y Mario Timoneda. Cada uno de ellos, con su lucidez, ha estimulado la escritura de este trabajo. Gracias, por supuesto, a mi maestro Pedro García-Alonso y a mi universidad, ESIC, que me proporciona el espacio y la libertad para reflexionar sobre estas y otras muchas cuestiones.

Prólogo

L a redacción de este opúsculo surge de la observación y la —breve pero intensa— experiencia en la docencia y la investigación dentro de una facultad de ciencias sociales, atravesada de pies a cabeza por el espíritu mercantil. A lo largo de estos últimos seis años me he dado cuenta de que, cuando los interesados en el mundo del marketing hablan de esta o aquella cuestión académica o laboral en relación con su interés, lo hacen movilizando una cantidad ingente de ideas y presupuestos filosóficos.

Pero, para mi sorpresa, casi siempre oigo nombrar la *filosofía del marketing*, en el sentido más popular del sintagma, como queriendo decir «la filosofía de mi empresa» o «mi filosofía de vida». Es decir, cuando he escuchado o leído la expresión *filosofía del marketing*, generalmente he detectado una referencia a determinada orientación en el trabajo y las prácticas profesionales dentro del sector.

Esto me llevó a plantearme la posibilidad de escribir un breve texto en el que verdaderamente se introdujeran y desarrollaran los aspectos académicamente filosóficos del marketing. Para ello, resultaba necesario recorrer una serie de puntos centrales insertos en la cuestión: la justificación del tema, su consideración objetiva y subjetiva, y el fundamento de su posición como forma de conocer y de obrar.

Todo esto resultaba imposible sin, a su vez, transitar el camino de la historia de la filosofía, no necesariamente siguiendo un orden riguroso y exacto —ni siquiera completo—, pero sí lo suficientemente solvente como para triturar las convenciones intelectuales y los lugares comunes de esta materia concreta, ejerciendo genuinamente el pensamiento crítico.

Algún lector avezado podría objetar que el texto salta de un sistema filosófico a otro sin solución de continuidad, incurriendo en un grave eclecticismo. Aunque pueda ser verdad, el ánimo nunca fue doxográfico ni ecléctico, sino, más bien, el de recoger todo aquello que tienen de verdadero las grandes filosofías, por cuanto puedan ayudar a sondear las profundidades del marketing. Para ello he contado con el auxilio de las mejores mentes, desde los presocráticos hasta nuestros días.

A medida que esbozaba la estructura del texto me daba cuenta de la necesidad de un planteamiento polémico, porque solo a través de la controversia espoleada por los argumentos es posible el debate y, como resultado, el avance en el conocimiento. Este ha sido de forma primordial el objetivo del trabajo, que espero satisfacer en un futuro, siempre y cuando iniciados y profanos tengan la gentileza de dedicarle un mínimo de su tiempo.

Pensando sobre todo en estos últimos he procurado no dar por sentada ninguna idea o concepto filosófico, consciente de que buena parte del contenido puede resultar casi alienígena para muchos de los que se enfrentan a esta lectura. Con todo, creo que el conjunto de explicaciones, glosas, aclaraciones y anécdotas de contexto sirve para aterrizar la filosofía en el marketing con la esperanza de hacerlo amablemente y no bajo procedimiento forzoso.

El aterrizaje en lo cotidiano es una obligación del filósofo, que no puede permitirse el lujo de levitar aupado por especulaciones estrictamente metafísicas. Más bien al contrario, ha de tener los pies en la tierra para proyectar luz sobre cualquier recoveco oscuro de la realidad, cualquiera que sea su dimensión. Pero, al mismo tiempo, un profesional del marketing que se precie nunca podrá gloriarse por completo de su saber y experiencia si no levanta la vista del suelo, por mucho que considere la filosofía como un debate baldío, habitante de las nubes. Sea para agrado o disgusto de muchos o unos pocos, las páginas que siguen buscan roturar el terreno del marketing, tan fecundo como sus resultados vienen demostrando sobradamente desde hace mucho tiempo.

Introducción

¿Por qué una filosofía del marketing?

La paradoja de lo inútil

La respuesta a esta pregunta puede ser tan breve como uno esté dispuesto a admitir. Porque sí. Sin embargo, no sería propio de la razón dejarlo aquí y dimitir de la explicación que la justifica. Muy en el fondo, la filosofía no es más que el pensamiento profundo de las cosas,[1] actividad que, bien considerada, carece de utilidad. Pero no es menos cierto que lo útil, por su propia definición —aquello que sirve para algo—, siempre se encuentra subordinado a algo superior. Es decir, en muchos casos, lo útil suele tener una importancia inferior a lo inútil. Por ejemplo, aprender a cocinar es innegablemente útil, porque sirve para comer. Alimentarse sigue siendo muy útil, puesto que permite saciar el hambre y no morir de inanición. De hecho, si se cocina bien y el cocinero y los que le rodean gustan de comer, sirve asimismo para tratar de ser y hacer feliz.[2]

---

[1] Más adelante daremos una definición de lo que, a nuestro juicio, es la filosofía.
[2] La idea de felicidad a la que hacemos referencia aquí se acerca a la sostenida por el epicureísmo, escuela de pensamiento fundada por Epicuro de Samos (siglo IV a. C.). El placer sin excesos,

El problema es que ni la felicidad ni la propia vida son útiles como tales. Sencillamente son fines últimos, metas a las que aspiramos y horizontes que ordenan el conjunto de nuestras actividades prácticas, aunque ni siquiera estemos seguros completamente de lo que son. A riesgo de caer en lugares comunes y juicios maltratados por exceso de uso, conviene no perder de vista este punto e insistir en él una vez más.

El marketing es, sin duda alguna, una disciplina tremendamente provechosa. El propio hecho sociológico de que haya suscitado el interés de millones de estudiantes, escritores y profesionales lo demuestra. Pero este no es el lugar para enumerar todas sus aplicaciones prácticas. Basta decir, aunque sea de forma un tanto grosera —aunque no por ello falsa—, que sirve de manera excelente para ganar dinero. Enriquecerse de forma eficaz o, simplemente, ganarse la vida a falta de mejores opciones está muy bien, pero continuará sirviendo a un sinfín de actividades que acaban siempre en ámbitos considerados buenos sin más. La discusión sobre tales parcelas de la realidad, como pueden ser lo bello y lo bueno, o la propia naturaleza de lo que existe, es tarea irrenunciable de la filosofía.[3]

Por otro lado, no debemos olvidar que es extremadamente difícil escapar de la filosofía. Quien más quien menos la ejerce de muy variados modos, aunque mayoritariamente de forma espontánea, desarmada y carente del esqueleto lógico y conceptual que requiere el pensamiento riguroso. Es bien sabido, y comprobable en cualquier sobremesa o reunión de amigos, que problemas como el de la identidad, la existencia de Dios, la bondad o maldad de este o aquel

---

propio de la buena gastronomía y compañía a la que aludimos, en ausencia de perturbaciones del cuerpo y el espíritu, constituye la verdadera *eudaimonía* (εὐδαιμονία) o prosperidad. Para una exposición rigurosa y accesible de la filosofía helenística y romana, ver Sánchez Meca, D. (2013). *Historia de la filosofía antigua y medieval*. Madrid: Dykinson.

[3] La rama de la filosofía encargada de estudiar las propiedades de la belleza como objeto de conocimiento es la estética, mientras que la rama encargada de tratar la cuestión del bien y sus fundamentos es la ética. No obstante, Platón, considerado padre de la filosofía académica, siguió la línea de pensamiento de los antiguos, que identificaba lo bello y lo bueno en una misma realidad perfecta.

sistema político, la libertad o el destino, el universo y la nada no tardan en manifestarse. A propósito de esta circunstancia, Gustavo Bueno[4] dejó dicho que todos somos filósofos, solo que unos mejores que otros. Todos andamos por el mundo cargados con una mochila de ideas que conforma nuestro mapamundi. Dado que ausentarse de la filosofía no resulta fácil e incluso nuestra conversación diaria está plagada de ideas filosóficas, merece la pena contarse en el número de los filósofos menos malos. Ya lo dice el refrán castellano: «Lo bien hecho, bien parece».

Hacia una filosofía del marketing

Por lo que respecta a la relación del marketing con lo dicho, deberíamos apuntar a sus primeros principios y sus consecuencias últimas, procurando tener en cuenta todo lo que sucede entre medias. No obstante, semejantes consideraciones no suelen recibir demasiada atención. Esto se debe, muy probablemente, a que pensar una disciplina tan práctica desde postulados filosóficos no reviste demasiada utilidad e incluso puede entorpecer su avance. Ahora bien, si lo buscado es conocer, lo que es sinónimo de querer acercarse a la verdad, resulta imprescindible.

Aunque barrer de un plumazo el significado de la verdad[5] se nos antoja imposible, no sería imprudente decir que existe consenso histórico y universal a la hora de situarla como uno de los bienes supremos. Llegados aquí, nuestra lacónica respuesta inicial

---

[4] Filósofo español contemporáneo (1924-2016), creador del materialismo filosófico, un sistema racionalista y crítico que rechaza tanto el idealismo como el materialismo vulgar. Su propuesta concibe la realidad como una pluralidad de géneros de materialidad y entiende el conocimiento como una práctica operatoria histórica, no como mera representación. Desde este marco desarrolló análisis originales en ontología, epistemología, filosofía de la ciencia, política y religión, con una marcada vocación polémica.

[5] Exponer el recorrido histórico de la idea de verdad, en sus diversos sentidos (semántico, lógico, ontológico...), ocuparía la mayor parte de este trabajo. Pese a ello, a modo de apunte aclaratorio, adoptaremos la concepción escolástica de la verdad —*verum*—, en el sentido de conformidad del ente con la mente. Es decir, la correspondencia entre lo que *es* y cómo es pensado. Dicho de otro modo, la adecuación entre el objeto y su aprehensión por parte del sujeto.

comienza a adquirir un sentido más hondo en su despliegue, que se manifestará en las cuestiones que trata sucesivamente nuestro texto y que haremos el intento de satisfacer asimismo filosóficamente.

¿Por qué una filosofía del marketing? Ya ha quedado claro: porque queremos e incluso debemos acercarnos a las verdades de lo que el marketing *es*, suponiendo que sea algo o que ese algo sea accesible a nuestro conocimiento.[6] Pero ¿por qué *una* filosofía? ¿Es que acaso no existe *la* filosofía del marketing? Lo cierto es que no. Ni siquiera existe, en sentido estricto, *la filosofía*, entendida como un conocimiento unívoco y acabado que contiene todo lo que nos es dado conocer. El enunciado *la filosofía* únicamente tiene sentido en su connotación más vaga y abstracta.

Bien es cierto que los más grandes filósofos de la historia han tratado de construir su pensamiento con miras a dar por finalizada la filosofía. Platón, Aristóteles, Santo Tomás, Spinoza, Kant o Hegel —a quien Marx consideró el último filósofo[7]— fueron artífices de sistemas con vocación omniexplicativa; una suerte de *todologías* capaces de hacer frente a cualquier inquietud del espíritu que se pusiera por delante.

Todas ellas fueron filosofías monumentales pero distintas entre sí, no obstante su multitud de fuentes compartidas. Todas ellas eran incompletas y estaban plagadas de errores no achacables a la carencia de luces de sus ideólogos, las mentes más brillantes de cada momento, sino a la inevitable limitación del intelecto humano y el carácter progresivo del conocimiento de una realidad que es absolutamente inabarcable, salvo para la mente infinita.[8]

---

[6] Una de las tareas fundamentales del pensamiento filosófico es cuestionar la realidad de ideas y conceptos de uso común para poner a prueba su veracidad y someterlas al examen del juicio crítico. Esta es la misión que narra magistralmente Platón, por boca de Sócrates, en *La República* (libro VII). Hasta haber alcanzado la verdad mediante la razón discursiva (*diánoia* - διάνοια), no somos sino presos de las apariencias impresas en nuestra percepción desde niños (*desmôtai* - Δεσμῶται).

[7] Ver Verneaux, R (1971). *Lecciones sobre el ateísmo contemporáneo*. Madrid: Gredos.

[8] Descartes consideraba que, si el intelecto finito de los humanos era capaz de concebir la infinitud, ello no debía proceder de su pensamiento (*res cogitans*) ni del mundo exterior (*res*

Nuestra intención dista muchísimo de acometer siquiera un intento remoto de sistema. El objetivo es sustancialmente más humilde, como se podrá ver más adelante. Sin embargo, resultará completamente forzoso comprometerse con determinadas filosofías que trataremos de identificar distinta y claramente. Dicho de otro modo, a la hora de enfrentar los problemas intelectuales que orbitan el campo del marketing, habremos de tomar partido por una serie de respuestas frente a otras posibles, pero no gratuitamente, sino dotando nuestras contestaciones del armamento teórico necesario para resistir, en la medida de lo posible, las objeciones que atraviesen la mente del lector.

Así, por composición, levantaremos un edificio sobre los cimientos de la lógica cuya utilidad relativa será más que discutible, pero que, en términos absolutos, esperamos que contribuya a emancipar las mentes de los profesionales o simpatizantes del marketing que, como el mercado mismo, anega nuestras relaciones personales, profesionales y familiares.

---

extensa), sino de una sustancia infinita, dotada asimismo de una mente infinita, que es Dios. Este razonamiento destila platonismo, por un lado, en tanto que adapta la idea de participación y un dualismo antropológico y ontológico. Por otro lado, destila aristotelismo, en tanto que concibe un ser infinito y perfecto, cuya intelección carece de límites por ser infinita y, por tanto, es acto puro. O sea, no posee ninguna potencia que actualizar ni existe ningún objeto de conocimiento que escape a su intelecto. La relación cartesiana entre lo finito y lo infinito es resultado de su propia interpretación del argumento ontológico de san Anselmo. Para una exposición completa y rigurosa de todos estos aspectos, ver Hirschberger, J. (1974). *Historia de la filosofía*. Vol. II. Barcelona: Herder.

Capítulo 1

¿Es todo marketing?

1.1. El mito de la primera venta

En una de sus multitudinarias conferencias, celebrada en Chicago en 2021, Philip Kotler, seguramente el más afamado especialista en la disciplina y considerado padre del marketing moderno, afirmó que el origen del marketing se remonta al libro del Génesis. Ante su auditorio del Chicago Humanities Festival, Kotler señaló a la serpiente como el primer vendedor del que tenemos constancia. Examinemos este episodio bíblico con atención.

> La serpiente era el más astuto de todos los animales del campo que había hecho el Señor Dios. Fue y dijo a la mujer:
>
> ¿Así que Dios os ha dicho que no comáis de ninguno de los árboles del huerto?
>
> La mujer respondió a la serpiente:
>
> ¡No! Podemos comer del fruto de los árboles del huerto; solo nos ha prohibido, bajo pena de muerte, comer o tocar el fruto del árbol que está en medio del huerto.
>
> Replicó la serpiente a la mujer:
>
> ¡No moriréis! Lo que pasa es que Dios sabe que en el momento en que comáis se abrirán vuestros ojos y seréis, como Dios, conocedores del bien y el mal.
>
> La mujer se dio cuenta entonces de que el árbol era bueno para comer, hermoso de ver y deseable para adquirir sabiduría. Así que tomó de su fruto y comió; se lo dio también a su marido, que estaba junto a ella, y él también comió. Entonces se les abrieron los ojos, se dieron cuenta de que estaban desnudos, entrelazaron hojas de higuera y se hicieron unos ceñidores.[9]

---

[9] *Gn*, 3: 1-6. Nótese que utilizamos la versión de 2001 de La Casa de la Biblia, aprobada por la Conferencia Episcopal Española y coeditada por PPC, Sígueme y Verbo Divino.

De la exposición del profesor Kotler podemos extraer varias lecciones interesantes que merecen un análisis riguroso. Si bien no queda dicho de forma explícita, Kotler sugiere que si remontamos suficientemente el curso de la historia podemos hallar vestigios de marketing hasta en el mismísimo mito de la creación. Por supuesto, dentro de la tradición judeocristiana, a la que pertenece este académico norteamericano.[10] Si profundizamos un poco más, nos damos cuenta de que, realmente, lo que se nos trata de explicar es que el marketing forma parte de la propia naturaleza del mundo y sus criaturas, particularmente del hombre, que se muestra receptivo ante la persuasión y, a la vez, decide persuadir mediante las palabras y los objetos.

Empero, Kotler parece albergar una idea ciertamente siniestra de su profesión, puesto que —desconocemos si cínicamente[11]— coloca la presunta transacción comercial primigenia en el marco de la metáfora religiosa que narra la caída del hombre en desgracia y la pérdida de su inocencia. Dicho de otro modo, Kotler identifica la primera venta con el primer sentimiento de culpa y vergüenza. Pero, si prestamos un poco más de atención, automáticamente advertimos que la interpretación tiene mayor recorrido incluso. Kotler inserta el marketing en el relato de la primera estafa que, de acuerdo con la tradición exegética,[12] corrompió la libertad humana explotando

---

[10] El mito bíblico de la creación no es el único de la historia. Por citar alguno, de entre los muchos precedentes, nombraremos el mito olímpico de la creación, en el que todas las cosas nacieron de Madre Tierra, surgida del Caos. «Hay quien niega que Prometeo creó a los hombres, o que el varón surgió de los dientes de una serpiente. Dicen que la Tierra los parió espontáneamente, como lo mejor de su vientre, especialmente en el suelo del Ática, que Alalcomeneo fue el primer hombre que apareció sobre la tierra […]. Ver Graves, R. (2020). *Los mitos griegos*. Barcelona: Gredos, p. 31.

[11] Recurrimos aquí al sentido contemporáneo de cinismo, en tanto que actitud hipócrita subrepticia y consciente. No confundir con el cinismo como escuela filosófica, fundada por el ateniense Antístenes en siglo V a. C. y popularizada posteriormente por Diógenes de Sínope, apodado «el perro» por su estilo de vida pobre y su actitud de rechazo a las normas y convenciones sociales. *Cínico* (*Kinikós- Κυνικός*) equivaldría a decir *perruno*.

[12] La exégesis, o interpretación del significado de un texto, es la disciplina vinculada históricamente a los estudios de los textos bíblicos, cuyas diversas fórmulas, versiones y composiciones, desde el arameo (Tárgum), pasando por el griego *koiné* (Septuaginta) y el latín (Vulgata), hasta

la soberbia con fatales consecuencias. No debemos ser excesivamente severos a la hora de juzgar a nuestro profesor, ya que este tipo de asertos son marca personal de prácticamente la totalidad de los especialistas en alguna materia intelectual. La tendencia a interpretar la realidad exclusivamente desde las categorías de su campo es mucho más común de lo que uno puede llegar a imaginar.

1.2. Crítica del reduccionismo

Hace ya alguna década, el premio nobel español Severo Ochoa afirmaba que «todo es química».[13] Sin embargo, el estudio de los constituyentes de la materia difícilmente puede arrojar luz sobre las causas que llevaron al sultán Mehmet II a tomar Constantinopla en 1453. En efecto, nos enfrentamos a un claro caso de reduccionismo, que nos vemos obligados a desmontar si realmente tomamos en serio los argumentos y la obra del profesor Kotler.

Un defecto típico de los reduccionismos es caer en graves confusiones terminológicas. Recuperando el ejemplo kotleriano del pecado original y su vínculo con el marketing, difícilmente podemos equiparar el ofrecimiento y consumo del fruto prohibido—representación alegórica del uso corrupto del libre albedrío — por parte de la figura arquetípica del mal con la primera venta de la historia. En primer lugar, porque no existe tal venta, dado que no se transfiere nada a dominio ajeno por un precio pactado. En cualquier caso, hablaríamos de la primera inducción al hurto. El marketing no se encuentra presente en cualquier actividad persuasiva mediada por la palabra. De ser así, cualquier caso de instigación al delito equivaldría a una acción de marketing.

---

las lenguas vernáculas, conforman la tradición interpretativa que ha permitido la transmisión, adaptación y comprensión de las Escrituras a lo largo de los siglos.

[13] Marín, K. (19 de agosto de 2001). «El amor es química, moléculas». *El País* [*online*]. Recuperado de https://elpais.com/diario/2001/08/19/ultima/998172002_850215.html

1.3. Examen histórico, antropológico y lógico del marketing

Por otro lado, es importante subrayar que el marketing, entendido como lo que realmente es, a saber: el conjunto de operaciones por las que pasa al menos una mercancía desde el productor al consumidor, presupone la institución del mercado, que a su vez presupone la propiedad privada. La propiedad privada no ha existido desde siempre. Numerosos autores han asociado el nacimiento de la propiedad privada al de la familia, inexistente durante el periodo paleolítico y, de igual manera, resultando ausente el sentido de propiedad que acompañó, más tarde, a la revolución agrícola del Neolítico (circa 7.000 a. C.).[14]

Asimismo, la etnología hace tiempo demostró que los intercambios de propiedad no siempre abrigan ánimo de lucro, sino que, en el caso de las sociedades organizadas en forma de bandas, suelen darse prácticas basadas en la redistribución y la reciprocidad, como ocurre con los !Kung San del desierto del Kalahari (Botsuana), cuyo modo de subsistencia consiste, aún hoy de forma parcial, en la caza y la recolección, con un sistema de prestigio social basado en la donación en lugar de la acumulación.[15] Recordemos que Kotler habla en términos de «venta», no de intercambio, y señala la seducción como vector de la operación.

El marketing, considerado con la precisión que se espera de un académico, no está ni puede estar presente en todo. Ni siquiera forma parte de la naturaleza del mundo y las relaciones humanas entre sí y con el medio. Por el contrario, los mecanismos de competición y cooperación, como condición común de la evolución de las especies, sí forman parte del orden natural de la vida en la Tierra. Tales procesos se sirven de tácticas como la seducción para favorecer la supervivencia y el éxito reproductivo, respondiendo

---

[14] Vázquez de Prada, V. (1976). *Historia económica mundial*. Vol. I, *De los orígenes a la Revolución Industrial*. Madrid: RIALP.
[15] Harris, M. (2022). *Introducción a la antropología general*. Madrid: Alianza.

a variables como la disponibilidad de recursos, el tamaño de una población o la presión ambiental.[16] La persuasión o la seducción no son elementos indisociables del marketing, no son entes reflejo de su existencia *a priori*,[17] de la cual participan como si se tratara de una idea platónica.[18]

Por lo pronto, como ya hemos visto, el marketing exige la existencia del mercado, que es una institución racional producto de la cultura humana.[19] El hecho de que sea una institución racional, en términos weberianos, demanda una objetivación del mundo y la distinción entre lo exterior al sujeto y su mundo interior de percepciones y pensamientos. Semejante evento no acontece en la especie humana hasta bien entrada la niñez, hasta el reconocimiento de la noción de un *yo* distinto de lo *otro*.[20]

De manera que, desde una filosofía científicamente informada, no podemos afirmar que el marketing sea consustancial al humano ni que exista su trazabilidad histórica más allá de la aparición del mercado —siendo muy generosos y rayando en el anacronismo— ni que sea un desarrollo cultural universal, sino el resultado de una de las fases de expansión de la economía de mercado.

Tampoco debemos disolver toda forma de comunicación humana en el caldo del marketing, aunque pueda incorporar ciertos

---

[16] Dawkins, R. (2017). *El gen egoísta*. Madrid: Salvat.

[17] Entiéndase por *a priori* aquello existente con carácter previo a la experiencia, opuesto de *a posteriori*, locución latina que expresa el carácter empírico de algo.

[18] Las ideas platónicas son formas puras residentes en un mundo de orden superior (*kósmos noetós* - κόσμος νοητός). Según la metafísica platónica, todo lo perceptible por los sentidos es una copia imperfecta de las ideas, de las cuales se participa —se obtiene el *ser*— en diverso grado de perfección o plenitud.

[19] Es oportuno precisar cultura *humana*, dado que, en efecto, existen culturas animales, como viene evidenciando desde hace tiempo la etología. Partiendo de una definición antropológica de cultura, como totalidad de pautas de pensamiento y conducta socialmente aprendidas, vemos que actividades miméticas y generacionalmente transmitidas como el lavado de tubérculos exhibido por macacos japoneses, o las técnicas de recolección de termitas mediante instrumentos de los chimpancés, encajan correctamente con la definición científica de cultura. Ver Galef, B. G. (1991). «The question of animal culture». *Human Nature, 3*, pp. 157-178.

[20] Piaget, J., y cols. (2021). *La representación del mundo en el niño*. Madrid: Morata.

elementos de persuasión, disuasión o seducción. Existen incontables modos de transmisión de información entre sujetos y entre sujetos y objetos que nada tienen que ver con el intercambio de bienes y servicios, ni siquiera con el lenguaje hablado o escrito, pese a que este sea su modo plenario y todas respondan a un esquema de estímulo-respuesta,[21] independientemente o no de su intencionalidad.

Desde otro punto de vista, el de la lógica, encontramos también una serie de problemas que no conviene ignorar. Al navegar por Internet buscando bibliografía sobre el marketing, podemos encontrar artículos clásicos y con un volumen abrumador de citas con títulos tan sugerentes como «El marketing es todo».[22] Este lema se ha repetido varias veces en diversas campañas publicitarias y utilizado en tantísimos ámbitos del mundo empresarial y casi, nos atrevemos a decir, de la vida cotidiana.

Ahora bien, ¿podemos realmente decir que el marketing es *todo* con las leyes de la lógica en la mano? A riesgo de parecer aburridos e intransigentes, nuestras intenciones son evidentes desde un principio: debemos triturar cuantos juicios y declaraciones comparezcan ante nosotros en aras de la independencia intelectual y el rigor filosófico. Así pues, examinemos la proposición cuidadosamente desde sus premisas hasta su conclusión:

1. Por *todo* entendemos la totalidad de lo que existe.

2. La totalidad de lo que existe es marketing.

3. El marketing es el conjunto de operaciones por las que pasa al menos una mercancía desde el productor al consumidor.

4. La totalidad de lo que existe es un conjunto de operaciones por las que pasa al menos una mercancía desde el productor al consumidor.

5. Todo es marketing.

---

[21] Aranguren J. L. L. (1986). *La comunicación humana*. Madrid: Tecnos.
[22] McKenna, R. (1991). «Marketing is everything». *Harvard Business Review, 69*(1), pp. 65-79.

El desenlace de este razonamiento plantea una relación de identidad inequívoca: todo lo que existe es reductible a las reglas del intercambio mercantil. Dicho de modo más simple: el mercado lo es todo. Pero, si todo es el mercado, ¿quiere eso decir que detrás de todos y cada uno de los fenómenos perceptibles[23] existe una causa de naturaleza comercial? Si todo es mercantil, ¿quiero a mi madre porque las fluctuaciones entre oferta y demanda lo exigen? Es más, si todo es marketing y, por tanto, intercambio y, consecuentemente, comercio, ¿el estado de la oferta y el comportamiento del consumidor explican que la longitud de onda del rojo se encuentre entre los 645 y los 700 nanómetros? ¿Puedo recurrir a principios económicos para dar cuenta de las trayectorias elípticas que siguen los planetas alrededor de una estrella? Difícilmente.

Si abrazáramos verdaderamente —como algunos hacen— esta tesis, caeríamos en un absurdo inconmensurable. Tomado con seriedad práctica, las consecuencias serían catastróficas, cuando menos, en el terreno de las relaciones personales y profesionales. No todos los acontecimientos son reductibles al interés económico. Cierto es que antropólogos como Marvin Harris, bebiendo de postulados marxianos,[24] han sostenido que toda pauta de conducta social responde a estrategias adaptativas basadas en la relación entre coste y beneficio, sea de forma consciente (racional)

---

[23] Cuando hablamos de fenómenos, nos referimos a las manifestaciones de lo real que son objeto de percepción empírica y que, ordenadas por las formas *a priori* de la sensibilidad (tiempo y espacio) y filtradas por las categorías de nuestro entendimiento, nos permiten interpretar el mundo. Esta es una de las teorías centrales de la filosofía kantiana, que separa los fenómenos del contenido del noúmeno o *cosa en sí*, de naturaleza incognoscible. Esta doctrina se encuentra ampliamente desarrollada en su fuente primaria. Véase Kant, I. (2006). *Crítica de la razón pura*. Madrid: Tecnos.

[24] Principalmente, los referentes a la primacía de las condiciones materiales de existencia (base) sobre las ideas y creencias (superestructura). Desde esta perspectiva, las formas culturales e ideológicas se explican en última instancia por su relación con la infraestructura económico-ecológica, es decir, con los modos en que las sociedades organizan el trabajo, la tecnología y el acceso a los recursos. Harris recoge esta tesis del materialismo histórico de Karl Marx, que introduce la distinción entre dichos conceptos, por vez primera, en el prólogo de su *Contribución a la crítica de la economía política*. Véase Marx, K. (2013). *Contribución a la crítica de la economía política*. Madrid: Siglo XXI Editores.

o inconsciente (fruto de la selección cultural o natural).[25] Pero ni el economicista más recalcitrante subordinaría la totalidad de lo existente a factores económicos de un tipo particular: las técnicas de mercado.

Algún lector suspicaz podría objetar que estamos malinterpretando el concepto de marketing. Podría replicarse que el marketing es mucho más que economía, que desborda su dominio y que involucra toda clase de actividades dirigidas a investigar y crear valor[26] con el fin de satisfacer cualesquiera necesidades humanas. Magnífico, pero ni con esas podríamos decir acertadamente que todo es marketing o que el marketing lo envuelve todo.

Por ejemplo, una necesidad humana bastante ordinaria es dormir. La neurología moderna ha demostrado experimentalmente los beneficios cognitivos del sueño y su pérdida ante la privación del estado físico de suspensión sensorial y del movimiento voluntario.[27] Dormir poco tiene que ver con el marketing, salvo por el vínculo del durmiente con la marca del colchón que habita durante su reposo. Sin embargo, debemos ser muy cautelosos con las falacias de equivocación. Que dormir pueda derivar en una relación o actividad vinculada al marketing o que, en caso extremo, el marketing provoque sueño no implica bajo ningún concepto que dormir sea una actividad derivada del marketing. ¿Acaso alguien en su sano juicio estaría dispuesto a asegurar que dormir y el marketing son una y la misma cosa?

---

[25] Harris, M. (2019). *Antropología cultural*. Madrid: Alianza.

[26] El concepto de valor ya es, en sí, un término oscuro y polisémico que se presta a distorsiones. Al margen de sus connotaciones morales, el valor se ha interpretado de diversas formas en contextos históricos de carácter económico y comercial. Mientras que los escolásticos de la Escuela de Salamanca sentaron las bases de la teoría subjetiva del valor en función de la utilidad o el rendimiento del producto o servicio, el materialismo histórico posterior trasladó el foco a la cantidad de trabajo necesario para la producción, revirtiendo el anterior postulado y girándolo hacia una teoría objetiva del valor. Ver Hernández, F. (2012). «La Escuela de Salamanca y la teoría subjetiva del valor». *Anuario Jurídico y Económico Escurialense, XLV*, 531-556. *Cf.* Marx, K. (2000). *El capital*. Tomo I. Madrid: Akal.

[27] Ellenbogen, J. M. (2005). «Cognitive benefits of sleep and their loss due to sleep deprivation». *Neurology, 64*(7), E25-E27.

Retomando los clásicos de la literatura, el hecho de que infinidad de editores a lo largo y ancho del mundo se hayan enriquecido, desde hace siglos, por la venta de la *Ilíada* no se traduce en absoluto en que Homero compusiera el poema épico con intención de venderlo, puesto que era un aedo que improvisaba y recitaba oralmente sus hexámetros en el siglo VII a. C; mientras que la *Ilíada* no se fijó por escrito en un texto canónico hasta tiempos de Pisístrato en la Atenas de un siglo más tarde.[28]

Además, tal como nos enseñan los estudios clásicos, Homero no trabajaba con ánimo de lucro, sino que satisfacía otras necesidades, sirviendo un propósito alejado de las compras, las ventas o los trueques:

> En la Grecia antigua el poeta es ante todo un narrador de la historia mítica de su pueblo, en obediencia a su función religiosa, pues se considera —y es considerado de igual modo por los demás— vehículo de comunicación entre ciertas divinidades y los hombres.[29]

El avance histórico de la cultura humana ha dado lugar a instituciones sociales como la religión y la guerra, que resultan insolubles en el comercio y sus tácticas, pese a que puedan existir intereses de naturaleza comercial que, en muchas ocasiones, las fundamentan parcialmente. Si bien, en un ejercicio de especulación gratuito, podríamos afirmar que Agamenón movilizó a los aqueos para obtener el control comercial de la Tróade por la vía de las armas, no es ese el sentido que le dio Homero, quien pone el foco de forma indiscutible en la afrenta amorosa.

En efecto, el rey de Esparta pudo hallar satisfacción a su necesidad de venganza en hacer la guerra a Troya, pero ni la venganza de Menelao ni la cólera de Aquiles ni una década de asedio militar narrada en 15.693 versos encajan demasiado bien en lo que el común de los mortales entiende por marketing.

---

[28] García Gual, C. (2022). «Introducción». En *Ilíada*, de Homero. Madrid: Gredos.
[29] Pájaro, C. J. (2004). *Poiesis* y poesía de Homero a los sofistas. *Eidos: Revista de Filosofía*, (2), pp. 8-32.

El hecho de que en un suceso converjan algunos factores comerciales asociables a una cierta forma de estrategia mercantil no implica que tales factores anulen todos los demás; ni siquiera, que primen sobre el resto. La realidad tiende a ser suficientemente compleja como para hallar siempre la misma explicación monocausal.

Si tomamos por caso la guerra, veremos que, pese al sinfín de conflictos motivados por razones económicas y comerciales que han asolado la historia desde la Edad del Bronce hasta hoy, no podemos tomarnos la licencia de reducir todo el aparato histórico de violencia organizada de unos hombres contra otros a una expresión más o menos oculta de marketing. Sirvan de ejemplo relativamente contemporáneo las guerras de desintegración de la antigua Yugoslavia, que tuvieron más que ver con la distribución étnica de la población, su profesión de fe y sus costumbres sociales antagónicas que con un intento de dominar coercitivamente diversas cuotas de mercado en los Balcanes.[30]

Si aceptamos que el marketing posee una definición, es decir, que es *algo* definible y definido, forzosamente debemos renunciar a identificarlo con todo. *Omnis determinatio est negatio.*[31] El proceso de determinación de un ente o concepto, valga por caso el marketing, implica siempre una negación de todo lo que *no es*, puesto que impone sus límites. Ya hemos dicho que el marketing es el conjunto de operaciones por las que pasa al menos una mercancía desde el productor al consumidor —qué son o en qué consisten tales operaciones es algo de lo que nos ocuparemos más adelante —, por lo que todo lo que no inhiera en ese conjunto de operaciones quedará fuera de la categoría *marketing* y, por tanto, quedará expulsado de la institución social *mercado*.

---

[30] Véase Veiga, F. (2011). *La fábrica de fronteras. Guerras de secesión yugoslavas, 1991-2001.* Madrid: Alianza.

[31] Locución latina utilizada por Spinoza en su carta 50 a Jarig Jelles para expresar que «toda determinación es una negación». Ver Spinoza, B. (1985). «Letter 50 (Nagelate Schriften): To the Most Worthy and Wise Mr. Jarig Jelles from B. D. S.,» from *The Collected Works of Spinoza*, vol. 2. Princeton, N. J.: Princeton University Press, pp. 406–407.

De tal manera, asumiendo esta u otra definición, es decir, determinación del marketing y la estructura social de la que forma parte —el mercado—, mantenemos su actividad dentro de las fronteras de un concepto finito. De lo contrario, apelando a un concepto indefinido de marketing que cae en la ambigüedad y se presta al equívoco, vaciamos de significado la disciplina, ya que no acertamos a dar cuenta de qué es y ni qué función específica cumple.

No en vano lo dicho, podríamos invocar una última posibilidad, si cabe aún más extravagante. Ya sabemos que todo lo definido y definible tiene límites, por lo que lo indefinido e indefinible carece de ellos y es infinito. También sabemos que si *todo* es marketing y *todo* es el conjunto de lo que existe, el conjunto de lo que existe es marketing. Pero el conjunto de lo que existe comprende toda la realidad y es imposible definirlo. Por tanto, es la sustancia infinita. Afirmar que el marketing es todo sería como decir que el marketing es absoluto, luego incondicionado, ilimitado, indefinible y completamente independiente.

Una idea como esta nos abandona al panteísmo[32] presente bajo distintas fórmulas en las filosofías de Spinoza y Hegel. Pensar el marketing como una especie de centro desde el que irradia lo demás, inoculado de su esencia, sería abrazar la tesis espinosista de la *Natura naturata* y la *Natura naturans*.[33] El marketing sería un

---

[32] Postura filosófica que identifica Dios, o el ser infinito, o el Absoluto con el mundo. El panteísmo defiende una ontología monista en virtud de la cual existe exclusivamente una fuente de realidad, inseparable de todo lo existente y a la cual se reduce hasta el más mínimo fenómeno, formando parte integrante de su sustancia única. Sustitúyase la idea de Dios (Spinoza) o Absoluto (Hegel) por la de Mercado, de la que el marketing es la máxima expresión, para comprender el significado de lo que pretendemos ilustrar. El monismo panteísta, a su vez, implica el determinismo, puesto que una realidad en la que todo está conectado con todo y forma parte de lo mismo solo puede regirse por las leyes de la necesidad, cerrando la posibilidad a lo contingente y, en consecuencia, a los contrafácticos que habilitan la libertad de agencia.

[33] Por «naturaleza naturante» (*Natura naturans*) Spinoza entiende lo que es en sí y se concibe por sí, mientras que por «naturaleza naturada» (*Natura naturata*) entiende todo lo que se sigue de la necesidad de la realidad que, al integrar la infinidad de atributos y modos de expresión en una sustancia única, anula toda forma de contingencia (ver nota anterior). Ver Spinoza, B. (2022). *Ética demostrada según el orden geométrico*. Parte I, proposición 23, Escolio, 96. Madrid: Alianza.

principio generador que crea diversos modos de sí, actualizándose eternamente a través de sus atributos y dejando huella inteligible en cualquiera de sus manifestaciones que nos son dadas a conocer.

De modo similar, pensar el marketing como una realidad eterna rastreable hasta la mismísima raíz de la humanidad, del bien y del mal, sería ejercitar la dialéctica hegeliana torcidamente. El marketing, presente desde el inicio, se desplegaría sucesivamente en el caudal de la historia, ampliando su radio de acción, mediante formas cada vez más sofisticadas, evolucionando paralelamente junto al progreso tecnológico humano[34] hasta el último movimiento de la historia. En esta etapa, lo absoluto, el marketing,[35] se realizaría plenamente, alcanzando su máxima expansión y agotando la realidad mediante la identificación total de lo real y el mercado, culminada con el reconocimiento integral del sujeto como consumidor y producto simultáneamente. El marketing es todo y todo es marketing; anuncio del Fin de la Historia (*Ziel der Weltgeschichte*)[36] con la disolución de la diferencia entre vida y venta.

Distopía semejante propone un mundo sombrío pero, por fortuna, irrealizable. Primeramente, porque el marketing no es absoluto, o sea, no está absuelto de toda relación de dependencia. Aceptar algo así sería negar la propia existencia humana, de la naturaleza y sus recursos materiales, tropezando con una terrible confusión entre las partes y el todo. El marketing no es ni puede ser fuente de existencia, no funda el sentido ni proporciona finalidad a las cosas. Esta es una competencia exclusiva de Dios. ¿Acaso alguien en su sano juicio estaría dispuesto a afirmar que Dios es marketing?

---

[34] Ver Mckenna, R. (1991). *Op. cit.*

[35] Somos conscientes de la utilización, a veces indistinta, de los términos *mercado* y *marketing*. Por utilizar una analogía ilustrativa, diremos que el marketing como conjunto total de operaciones son los árboles de un bosque llamado *mercado*. La visualización de un grupo amplio y conexo de árboles o la abstracción de la noción de bosque tiene más que ver con una cuestión de perspectiva y pragmática, dentro del problema particular que nos ocupa.

[36] Hegel, G.W.F. (2004). *Lecciones sobre la filosofía de la historia universal*. Madrid: Alianza.

1.4. Marketing y libertad: condiciones de posibilidad e imposibilidad

Ya consideramos erróneo y peligroso asegurar que existen destellos de marketing en todo lo que hacemos, tal como se ha podido apreciar, puesto que desprende un aroma de mistificación[37] del mercado y sus técnicas. Sin embargo, hay un abismo entre ese juicio y el que nos ocupa en este instante: la independencia del marketing. Por de pronto, el marketing depende enteramente de la agencia humana, capaz de resistirse a los efectos de la publicidad, como evidencia cualquier caso de ascetismo aún existente en el mundo. Un ejemplo claro y actual son las monjas carmelitas, que viven una vida de clausura al margen de toda posesión superflua y forma de consumo conspicuo.

Por otro lado, existen regímenes políticos que convierten en impracticable el marketing, dado que cercenan la libertad de profesión y consumo, organizando y diseñando la producción y distribución a través de planes y programas que suprimen la competencia y despojan de sentido cualquier actividad publicitaria o promocional. El marketing es, por consiguiente, dependiente de unas mínimas condiciones de libertad económica, sin las que el mercado y sus operaciones quedan anuladas.

---

[37] Dentro del sesgo de confirmación inherente a este tipo de creencias parece vislumbrarse un pseudoculto al mercado, tomado como fetiche, que planea en un orden superior al de los humanos y al que se puede acceder a través del conocimiento de sus misterios, es decir, de sus prácticas, trucos y ritos profesionales orientados a transformar conciencias y conductas. Solo los iniciados (*mystai* – μύσται) tendrían acceso completo a este conocimiento. Ver Burkert, W. (2018). *Cultos mistéricos antiguos*. Madrid: Trotta. De modo paralelo a cómo la escuela pitagórica contemplaba los números como el tejido de la realidad, el reduccionismo mercantil busca causas comerciales a todos los fenómenos. Cierto es que, en su estado actual, el reduccionismo mercantil procura restringir sus juicios a la actividad humana, aunque no sería de extrañar, a la luz de afirmaciones como «todo es marketing», que se hable de marketing animal, teniendo en cuenta algunas líneas de investigación en biología, con autores que sugieren negocios y conductas comerciales en otros mamíferos, lo cual es ir bastante más lejos de las culturas no humanas en sentido etológico. *Cf.* De Waal, F. B. (2005). «How animals do business». *Scientific American*, *292*(4), 72-79. *Cf.* Bourgeois-Gironde, S., Addessi, E., & Boraud, T. (2021). «Economic behaviours among non-human primates». *Philosophical Transactions of the Royal Society B*, *376*(1819), 20190676.

En ausencia de un mercado pletórico, esto es, de la «desigualdad y la multiplicidad entre bienes ofrecidos (mercancías, incluyendo la fuerza de trabajo) y entre compradores (consumidores o usuarios)»,[38] no puede darse enteramente la práctica del marketing. Bajo una economía sometida a regulación total no cabe la competencia entre productores ni la elección entre consumidores, por lo que la noción de marca pierde su razón de ser y, con ella, la publicidad, la promoción y la manipulación del precio.

El marketing, como diría Hayek, únicamente puede contemplarse en sociedades individualistas basadas en el comercio, siendo muy complicado o imposible bajo regímenes colectivistas.[39] El régimen colectivista por antonomasia, dada su influencia y duración en el tiempo, ha sido la Unión de Repúblicas Socialistas Soviéticas (URSS). Entre 1922 y 1992, desde sus órganos de gobierno, la URSS forzó la homogeneización de sus habitantes, suprimiendo cualquier forma de ideología política alternativa al marxismo-leninismo y sus postulados económicos, sometiendo a través de vigilancia policial permanente a una población «que no podía controlar por medios pacíficos o a través de la negociación».[40] Testimonio de esta pulsión de control fueron las vallas de alambre de espino que el Estado soviético instaló alrededor de 42.000 kilómetros[41] con el fin de evitar la evasión, tal como narra Kapuściński.

Inmerso en un ambiente de dichas características, el marketing no es sino una impostura, un sucedáneo desprovisto de su fundamento mercantil, evaporado por la planificación central de manos del Estado, que administra la totalidad de las empresas, incorporando en sus mensajes impresos, televisados o radiados una fuerte carga

[38] García Sierra, P. (2021). «Democracia de mercado pletórico: Desigualdad y multiplicidad / Globalización Derechos Humanos / Sufragio universal / Plétora de partidos / Estado de bienestar. Democracia: estructura y ontología (832)». *Diccionario filosófico* [*online*]. Fundación Gustavo Bueno. Recuperado de https://www.filosofia.org/filomat/df832.htm
[39] Hayek, F.A. (2020). *Camino de servidumbre*. Madrid: Alianza.
[40] Casanova, J. (2017). La venganza de los siervos. Rusia 1917. Barcelona: Crítica.
[41] Kapuściński, R. (1993). *El Imperio*. Barcelona: Anagrama.

de elementos ideológicos destinados a la preservación del régimen más que al incentivo del consumo.

Mientras que, del otro lado del telón de acero, la industria tabacalera privada se sirvió de ingeniosas y agresivas campañas de marketing para incrementar el consumo de tabaco durante la segunda mitad del siglo XX, como retrata fielmente la serie televisiva *Madmen*, en la URSS, el interés popular por los cigarrillos respondía más bien a una situación de escasez generalizada y sostenida.[42] El comité para la planificación económica, *Gosplán* (Госплáн), debía encargarse del abastecimiento de tabaco y cualquier otro bien de consumo, determinando el volumen de producción, la cantidad enviada a cada punto de distribución y su localización en el vastísimo territorio soviético, interviniendo en todos y cada uno de los eslabones de la cadena de suministro.[43]

Claro que existían técnicas comerciales clandestinas. Algunas estimaciones señalan que, durante la década de los 70 del pasado siglo, entre el 28 y el 33 por ciento de los ingresos domésticos soviéticos procedían de actividades de economía sumergida,[44] con entre un 10 y un 12 por ciento del total de la fuerza de trabajo empleada ilegalmente.[45]

Del mismo modo que un linchamiento popular no puede considerarse justicia pese a reunir algunos elementos formalmente análogos a los de un proceso judicial, el boca a boca de un régimen totalitario y cualquier otra acción de mercadeo secreto no puede considerarse sino un conato incompleto y reprimido del marketing.

---

[42] Starks, T. (2023). «Tobacco Product Design, Marketing, and Smoking in the USSR». En *Consumption and Advertising in Eastern Europe and Russia in the Twentieth Century* (pp. 243-264). Cham: Springer International Publishing.

[43] Carr, E. H., Davies, R. W. (1980). *Historia de la Rusia soviética. Bases de una economía planificada (1926-1929)*. Vol I, 2.ª parte. Madrid: Alianza.

[44] Grossman, G. (1987). «Roots of Gorbachev's problems: Private income and outlay in the late 1970s». En *Gorbachev's economic plans*, *1*, 213-229.

[45] Treml, V. G., Grossman, G., & Neuhauser, K. C. (1992). *A Study of Labor Inputs into the Second Economy of the USSR* (No. 33). WEFA Group.

De lo dicho deducimos que sin libertad, entendida como no sometimiento y capacidad responsable de actuar por uno mismo, no puede ejercitarse el marketing. Sin embargo, habría que decir más aún. Sin libertad, tampoco se puede ser sujeto receptor de las acciones de marketing, puesto que, sin un grado mínimo de posibilidad y facultad de juicio independiente, el individuo se halla irremediablemente esclavo del dictado de los demás, obedeciendo las órdenes del primer vendedor, anunciante o promotor de turno.

Las actividades comerciales proyectadas sobre individuos en estado de alienación[46] son intentos de abducción psicológica, cuya eficacia variará en función de la potencia[47] —cuantitativa y cualitativa—, de la configuración de los estímulos emitidos, así como del grado de resistencia del sujeto al condicionamiento de su conducta.

Este último aspecto, asimismo, será variable según las condiciones psicológicas y fisiológicas del receptor, aún bajo privación de autocontrol. En este sentido, no podemos considerar marketing las campañas virales consistentes en desafíos dirigidos al público adolescente vulnerable en redes sociales, dado que parte de su propio sentido de identidad personal, pertenencia social e, incluso, integridad física, queda a merced de su adhesión pública al reto.

De modo similar, nos encontramos frente al problema de la propaganda. Pese a que la línea de demarcación entre marketing y propaganda es delgada y fácil de confundir, debemos hacer el esfuerzo por disociar ambas disciplinas, que comportan matices diferenciadores de carácter esencial.[48]

---

[46] Entiéndase este término en su acepción psicológica como estado mental consistente en la [...] «alteración del modo de verse a sí mismo y de ver el mundo». Dorsch, F. (1992). *Diccionario de psicología*. Barcelona: Herder, p. 28.

[47] Concepto de la filosofía aristotélica que denota la posibilidad de movimiento de un ente, es decir, su capacidad de cambio o paso de la potencia al acto. Más perfección alcanzará un ente cuanta más potencia albergue su *ser*. Aristóteles idea esta doctrina para salvar el problema del paso del *no ser* al *ser*, dado que Parménides había negado la posibilidad del cambio, considerando que de la *nada*, nada procede (*ex nihilo nihil fit*). Ver Fabro, C. (1965). *Historia de la filosofía*. Tomo I. Madrid: Rialp.

[48] Aunque este concepto ya ha aparecido previamente, vale la pena detenerse a precisarlo. Entiéndase como esencial lo perteneciente a la esencia. En sentido aristotélico, lo esencial

Los propagandistas deshonestos, por un lado, no suelen reparar en ocultar las fuentes de información, controlando su flujo en todo momento con objeto exclusivo de alterar la percepción y generar modelos específicos de conducta. Para ello, tienden a servirse de falacias de ambigüedad, argumentos *ad nauseam*[49] —por asedio repetitivo— y tergiversaciones en forma de «hombres de paja»,[50] que presentan severas distorsiones de productos, individuos o grupos para adecuar el mensaje a los objetivos preconcebidos, al margen de la veracidad o falsedad de su contenido.

El boicot contra los negocios judíos decretado en Alemania el primero de abril de 1933 no puede considerarse una maniobra de marketing gubernamental para favorecer los intereses comerciales del pueblo alemán, sino un caso abyecto de odio étnico y religioso ejecutado a través de soflamas y eslóganes *ad hominem.*[51]

Dicho esto, no toda propaganda es oscurantista y mentirosa, aunque casi toda, hemos de reconocer, apela a recursos argumentativos cuestionables. Tomemos por caso los anuncios de la Dirección General de Tráfico (DGT) contra el exceso de velocidad o las famosísimas campañas televisivas de la Fundación de Ayuda contra la Drogadicción (FAD). Los fines de ambas instituciones son evidentemente nobles y deseables, pero, por razones de formato y eficacia, apelan a poderosos factores psicológicos como el miedo, incurriendo

---

podría afirmarse como un constituyente o propiedad de lo que la cosa es. Dicho de otro modo, parte de la naturaleza del ente, de lo que es, su *quidditas*, que dirían los escolásticos. La esencia sobrevive a las cualidades cambiantes de la cosa, denominadas *accidentes*. Para una exposición más completa, véase Ferrater Mora, J. (2021). *Diccionario de filosofía*. Madrid: Alianza, 275 y ss.

[49] Sánchez García, F. J. (2010). «Paralogismos y sofismas del discurso político español. La falacia política en un corpus de debates parlamentarios». *Anuario de estudios filológicos, 33,* pp. 271-290.

[50] Falacia argumentativa que consiste en caricaturizar o distorsionar la postura del oponente para que resulte más fácil refutarla. En vez de responder al argumento real, se ataca una versión simplificada, exagerada o directamente inventada de él.

[51] Falacia argumentativa que consiste en atacar a la persona que sostiene un argumento en lugar de refutar el argumento mismo. En vez de discutir las ideas, se desacredita al interlocutor (su carácter, motivaciones, antecedentes, etc.) para invalidar su posición.

en argumentos *ad consecuentiam*, con (*ad baculum*) o sin (*ad metum*)[52] amenaza o advertencia de cárcel o peligro para la salud y la vida.

Empero, la apelación al miedo a través de semejante clase de argumentación informal también se encuentra presente en algunas tácticas de marketing, como pueden ser los *spots* de compañías aseguradoras o de seguridad privada. A diferencia de los ejemplos anteriores, en los que el diseño y la preparación de la campaña pudo correr a cargo de especialistas en marketing —debido a la multitud de denominadores comunes existentes entre ambas disciplinas—, pero cuya clasificación ineludiblemente cae bajo el espectro de la propaganda, las últimas referencias sí se ajustan a la definición de marketing que manejamos.

Las consideraciones éticas respecto a qué limites debe o no debe rebasar la disciplina es algo que trataremos más adelante, pero, siempre que las actividades descritas sean compatibles con la determinación conceptual que nos hemos encargado de precisar, deberemos juzgarlas rigurosamente como marketing.

Así pues, observamos que la libertad es condición necesaria pero no suficiente para la existencia activa y pasiva del marketing. Si bien el marketing solo puede darse bajo ciertas condiciones de libertad individual, ello no implica que siempre que comparezcan tales condiciones el marketing florezca *ipso facto*. De hecho, la libertad es condición de posibilidad para erradicar, evitar o anular el marketing bajo circunstancias particulares. El boicot comercial, de nuevo, es una de ellas.

Pensemos, por caso, en el desprestigio sufrido recientemente por Nestlé en buena parte de la esfera occidental. A consecuencia de la invasión parcial del territorio soberano ucraniano, perpetrada

---

[52] Un argumento *ad consequentiam* es una falacia que intenta justificar una afirmación apelando a las consecuencias de aceptarla o rechazarla en lugar de evaluar si es verdadera. Dentro de esta categoría, el *ad baculum* recurre a amenazas o coerción («si no aceptas esto, te perjudicaré»), mientras que el *ad metum* apela al miedo a consecuencias negativas sin amenaza directa. En los tres casos, se sustituye la razón por el temor a las consecuencias. Véase Bordes, M. (2011). *Las trampas de Circe: falacias lógicas y argumentación informal*. Madrid: Cátedra.

por fuerzas rusas en febrero de 2022, la mayoría de las compañías europeas y estadounidenses cesaron sus operaciones comerciales en la Federación de Rusia, en conexión con el paquete de sanciones económicas impuesto por la Unión Europea y Estados Unidos, así como en respuesta a la demanda de la opinión pública, ante el riesgo de degradación de su imagen y reputación de marca.

La compañía, por su parte, continuó distribuyendo y vendiendo sus comestibles en Rusia, lo que provocó un llamado al boicot por parte del presidente de Ucrania, Volodímir Zelenski, que tuvo su eco en Suiza, país natal de la firma. Durante el mes de marzo de 2022 se produjeron una sucesión de protestas promovidas por población ucraniana residente en Suiza, apoyadas por la población autóctona, que finalmente condujeron a la retirada en Rusia de marcas como KitKat y Nesquik,[53] éxitos de venta.

La estrategia de marketing de Nestlé en Rusia quedó neutralizada por un acto de libertad de expresión, en primer término, y varios actos de libertad de manifestación, en segundo. La libertad es, pues, el factor regulatorio primordial del ejercicio del marketing, tanto en el plano positivo como en el plano negativo. ¿Fueron estas acciones protesta, a su vez, operaciones de marketing? No lo fueron, puesto que su objetivo, por sí solo, no consistía en decantar la balanza comercial a favor de los competidores de Nestlé. El fin de tales acciones, apurando demasiado, podría interpretarse como una táctica de guerra híbrida, destinada a desequilibrar las capacidades militares del adversario, mediante el deterioro de su logística de abastecimiento básico.

1.5. Marketing y religión

Como ya hemos avanzado anteriormente, no es correcto hablar de marketing para todas y cada una de las instituciones humanas.

---

[53] Evans, J. (23 de marzo de 2022). Nestlé to halt sales of most brands in Russia. *Financial Times* [online]. Recuperado de https://www.ft.com/content/8ea09d35-84eb-4517-8f8b-aaf1b1493f81

En el caso de la religión, por utilizar uno notorio, el aparentemente inocente sintagma «marketing religioso» resguarda una serie de implicaciones que deben considerarse con cuidado.

Mientras que en las democracias representativas[54] no resulta inoportuno hablar de marketing político, sí lo es en el caso de las religiones. En un régimen así, como el español, los partidos políticos diseñan y difunden, a base de técnicas retóricas, paquetes de promesas gubernamentales y medidas administrativas adaptadas a la coyuntura socioeconómica. Son, por tanto, elementos mudables, sujetos a cambio. Además, se postulan como sustitutos o alternativos ideológicos de sus contrincantes en el marco de un mismo sistema cuyas normas respetan y comparten, amparados por la ley civil como fundamento.

En el contexto de unas elecciones, sea cual fuere su alcance, los candidatos encabezan listas y programas electorales pensados, según el criterio de los partidos, para satisfacer necesidades de diverso orden, presentes en la vida de los ciudadanos. Del mismo modo que, para refrescarse y calmar su sed, el paseante madrileño en julio compra un refresco y no otro, según sus gustos particulares y las circunstancias del momento —un sabor de moda, el precio de las materias primas, la disponibilidad de unas marcas con respecto a otras, etc.—, el votante depositará su confianza en forma de voto en la opción que crea más conveniente, con arreglo a sus simpatías y antipatías y de acuerdo con su discernimiento sobre la combinación de factores que se presentan en el instante concreto del proceso. Por supuesto, las circunstancias del momento influirán decisivamente en su elección, llámense recesión, inflación, corrupción o desempleo.

---

[54] «La teoría política distingue entre dos conceptos de decisiones democráticas representativas. Según el primer concepto, los representantes no deciden los asuntos como individuos independientes, sino que simplemente reflejan la «voluntad» de sus electores; según el segundo, las decisiones son tomadas por los propios representantes electos sobre la base de sus juicios independientes respecto a los asuntos políticos» [nuestra traducción]. Ver Sengupta, M. (1974). «On a concept of representative democracy». *Theory and Decision, 5*(3), p. 249.

Así pues, el votante coloca el valor de su participación política en la urna a cambio del compromiso de servicio público según las condiciones previstas por la ley y conforme a los acuerdos suscritos por los candidatos con sus electores durante la campaña.[55] El contratante, por su lado, deposita el valor de su dinero bajo el poder de una empresa a cambio del compromiso de servicio privado —un arreglo doméstico, un trámite burocrático, un envío de paquetería— igualmente amparado por la ley y conforme a las condiciones comerciales ofrecidas por la empresa.

Ambos agentes, votante y contratante/comprador, aceptan los términos del sistema electoral/comercial y eligen libremente entre una plétora de opciones intercambiables a conveniencia cada cierto tiempo; sea del individuo, más inmediatamente, en el caso de la compra o contratación; sea de la mayoría, más espaciadamente, en el caso del sufragio.

Sin embargo, cuando hablamos de religión, la cosa cambia. Si bien hemos dicho que la oferta electoral y la oferta comercial son homologables por presentar elementos mudables dentro de un mismo sistema fundado en la ley civil, no existe tal cosa como oferta religiosa; no, al menos, en su sentido legítimo. Las religiones mayoritarias que han sobrevivido a la etapa meramente mitológica[56] no

---

[55] Esto, en suma, constituye el contrato social, cuyos precursores teóricos en el campo de la filosofía política fueron Thomas Hobbes (desde una visión autoritaria en su *Leviatán*) y, más adelante, preparando el terreno de los sistemas contemporáneos, John Locke (desde un prisma liberal en sus *Dos tratados sobre el gobierno civil*) y Rousseau, más propiamente, en *El contrato social*. Ver Hirschberger, J. (1974). *Op. cit.*

[56] Friedrich Engels consideraba que la religión es una respuesta adaptativa humana a las condiciones materiales de su existencia. De forma paralela, su contemporáneo Auguste Comte distinguía en su *Ley de los tres estadios* tres fases de evolución del pensamiento humano, en cuya primera etapa se halla la religión, subdividiéndola en el periodo fetichista de adoración de objetos y elementos naturales (animismo), el periodo politeísta de adoración de entidades sobrenaturales antropomórficas o zoomórficas y el periodo monoteísta, de adoración de un único Dios. Iniciar este último periodo concede acceso a la fase metafísica, donde religión y filosofía se funden, dando paso a la teología natural de religiones mayoritarias y aún vigentes como el cristianismo. Filósofos como Gustavo Bueno consideran esta etapa posmitológica la antesala del ateísmo, cuyo iniciador —según su pensamiento— sería Aristóteles, que en su *Metafísica* marca el punto de partida de una deidad puramente abstracta a la que resulta

tratan sobre lo mudable o contingente, sino, precisamente sobre lo permanente y necesario.

Mientras que —teóricamente— las medidas propuestas en forma de promesas de campaña buscan, partiendo de un estado del sistema político, mejorarlo, las religiones constituyen su propio sistema, es decir, una cosmovisión.[57] Su ideología, entendida como configuración de ideas, no está sujeta a las variaciones sociales, como el crecimiento económico, la pérdida de poder militar, la productividad industrial, la renta *per* cápita…, sino que articula un principio de acción independiente del contexto y con vistas a la trascendencia, o sea, aquello que está más allá del mundo y sus experiencias.

Las religiones monoteístas contemporáneas, como el cristianismo, no tienen la ley civil como fundamento, sino la teología natural y la teología dogmática.[58] De este modo, se sitúan en un plano distinto al de la economía y la política, pese a que pueda influir sobre ambos ambientes, dado que la realidad, en su complejidad, exhibe innumerables conexiones causales recíprocas.

Bien es cierto que monoteísmos dominantes como el islam o el cristianismo buscan prosélitos que se conviertan a su credo utilizando técnicas de persuasión por medio de la palabra hablada o escrita. Sin embargo, debemos tener en cuenta la diferencia sustancial entre captación comercial y conversión religiosa. Publicidad y promoción no equivalen a evangelización o *da'wa*.[59]

---

imposible adorar por ser causa primera y motor inmóvil. Ver Copleston, F. C. (1994). *A History of Philosophy*, Vols. VII-VIII. Nueva York: Image Books. *Cf.* Bueno, G. (2023). *El animal divino*. Oviedo: Pentalfa.

[57] Por *cosmovisión* entendemos el común de la antropología: «Forma específica de percibir y concebir el mundo natural, social y espiritual. Cada cultura tiene su cosmovisión». Ver Campo, L. (2008). *Diccionario básico de antropología*. Quito: Ediciones Abya-Yala.

[58] Por *teología* entendemos la disciplina intelectual encargada de sistematizar la doctrina de una religión. La diferencia entre teología natural y teología dogmática reside en el método, derivado de sus fundamentos. Mientras que la de aquella se funda únicamente en los postulados de la razón y en principios filosóficos, esta lo hace esencialmente en el contenido de los textos sagrados, que estudia e interpreta, de modo que las verdades halladas por ambas vías, a saber, noesis (νόησις) y exégesis (ἐξήγησις), respectivamente, puedan conciliarse.

[59] Evangelizar consiste en predicar la fe en Jesucristo. Dicho de modo más amplio: hacer partícipes a los demás de su buena nueva (εὐαγγελίζεσθαι), es decir, su pasión, muerte y

La captación de clientes tiene como objetivo mantener o ampliar cierta cuota de mercado y, su propósito, no excede las fronteras del rendimiento económico a través del consumo, pese a que se recurra con frecuencia a elementos simbólicos cargados de significado profundo. Precisamente, el recurso a los símbolos es un instrumento sumamente eficaz para obtener el éxito comercial, imbricando la transacción en una narración semiológicamente superior que la desborda.

De forma arriesgada, una marca de cerveza puede asociarse simbólicamente con el amor y la salvación a nivel publicitario. Aquí, el marketing se apropia de competencias ajenas para reforzar su técnica. Empero, la religión, a menudo, versa específicamente sobre el amor y la salvación, que no son partes accesorias de su actividad exterior, sino principios esenciales que la definen.

Frecuentemente se utiliza el concepto *conversión* para significar el cambio en la regularidad de consumo desde una marca comercial hacia otra. Por ejemplo, decimos del consumidor habitual de *Coca-Cola* que pasa a consumir *Pepsi* que se ha *convertido*. No obstante, se trata únicamente de un símil. La conversión, tal como es tomada desde su sentido primitivamente religioso, supone un doble cambio mucho más intenso y extenso.

En el plano subjetivo, la conversión implica un cambio psicológico radical que conduce al converso hacia un conjunto de creencias metafísicas y escatológicas[60] que regulan su noción de la moral y, por consiguiente, su modo de obrar. En el plano objetivo, la conversión se manifiesta en una relación estrecha entre el converso, los

---

resurrección, como hombre y Dios, puesto que Jesús de Nazaret es el Cristo (Χριστός), el ungido, segunda persona de la Trinidad y, por tanto, Dios redivivo. Se trata de la forma de hacer proselitismo en la religión católica. Por su lado, la invitación a profesar el islam se conoce en árabe como practicar la *da'wa* (الدَّعْوَة). En otras palabras, es el modo de proselitismo de la religión monoteísta que tiene a Alá como único Dios y a Mahoma como su profeta.

[60] Por *metafísica* entendemos la clase de conocimiento que aspira a aprehender aquello que se encuentra más allá del estudio de la física, o sea, los «estudios objeto de la filosofía primera». Ver Ferrater Mora, J. (2021). *Op. cit.*, 564. Al mencionar *escatología* nos referimos, opuestamente, al tratado de «las realidades últimas». Ver Sayés, J. A. (2006). *Escatología*. Madrid: Palabra, 6.

medios de comunicación con lo sagrado y la comunidad de creyentes a la que pertenece. Si el converso, ya *fiel*, lo ha sido a la religión católica, se manifestará en la participación de los sacramentos —al margen de cualquier transacción tangible— y su adhesión a la *Ekklesia katholikos* (ἐκκλησία καθολικός) o asamblea universal.

De tal manera, cuando se habla de mercadeo de asuntos religiosos o de estado del arte del marketing religioso, se incurre en una peligrosa confusión conceptual, tal como hemos visto en algunos trabajos académicos.[61] No sorprende que textos así citen como autoridad a nuestro omnipresente Philip Kotler, que hizo de su capa un sayo al publicar, junto con sus colaboradores, un manual dirigido a congregaciones que busquen «comercializar su ministerio».[62]

Capítulos como «*Designing Your Program Offerings: Product, Place, Price Decisions*»,[63] pese a estar cargados de buenas intenciones, suponen rebajar la religión a ras de lo mudable, diluyendo su doctrina en el líquido de la pura inmanencia. Pero la religión, por reconciliar lo sagrado y lo profano,[64] no consiste en una mera adaptación a los hábitos y costumbres de la población a fin de seducir con promesas, como es el caso de la política. Por el contrario, la religión es un factor causante de hábitos y costumbres, puesto que su doctrina tiene como horizonte la trascendencia.

Cabe señalar que no nos estamos refiriendo al marketing que una organización religiosa formalmente constituida pueda desarrollar con productos o servicios de su oferta. Que la Iglesia episcopal

---

[61] Beltrán, N (2011). *Estado del arte del marketing religioso*. Bogotá: Pontificia Universidad Javierana.
[62] Kotler, P., *et al.*, (1992). *Marketing for Congregations: Choosing to Serve People More Effectively*. Nashville: Abingdon Press.
[63] *Ibidem*.
[64] Por *sagrado* aludimos a aquello que se encuentra en comunión (común unión - *communio*) con lo divino y que, por tanto, está dotado de una dignidad superior a lo *profano*. Este segundo término, por oposición, significa lo terrenal; etimológicamente, es lo situado frente al recinto —fuera— del culto religioso (*fanum*). En otro sitio hemos explicado esta distinción de forma mucho más amplia según la filosofía de la religión de Mircea Elíade. Véase Jaspe Nieto, J. (2023). «El baile de las Águilas y San Juan Pelós: misterio del folclore religioso mallorquín». *Ilu*, *28*, pp. 1-16.

compita contra la Iglesia luterana en los Estados Unidos vendiendo *merchandising* y que, para ello, diseñen y ejecuten planes de marketing resulta perfectamente posible y aceptable racionalmente. Cuestión aparte sería pensar que ambas denominaciones protestantes pueden intercambiar sus adeptos dando trato de producto a la forma particular de fe que defiende cada una.[65]

Aun asumiendo la hipótesis atea, la fe religiosa no puede contemplarse como un producto comercial, sino como una ramificación de la selección cultural que desempeña una función social. Marvin Harris nos ofrece esta explicación desde su paradigma materialista:[66]

> Todas las religiones del mundo nacieron durante épocas de rápida transformación cultural. El budismo y el hinduismo surgieron en el valle del Ganges, al norte de la India, durante una época de deforestación, aumento de la población y formación del Estado. El judaísmo surgió durante las prolongadas migraciones de los antiguos israelitas. El cristianismo surgió en conjunción con los intentos de liberación del yugo del imperialismo romano. El islam surgió durante la transición de una vida de nomadismo pastoral a la del comercio y los imperios en Arabia y el Norte de África. Los protestantes se escindieron del catolicismo cuando el feudalismo dejó paso al capitalismo. [...] los cultos mesiánicos y milenaristas se extendieron por las Grandes Llanuras cuando los indios norteamericanos perdieron sus tierras y terrenos de caza, mientras que, en el despertar de la colonización europea de Nueva Guinea y Melanesia, cientos de cultos, dedicados a adquirir riqueza mundana con la ayuda de antepasados que han regresado de la muerte, se extendieron en la isla.

---

[65] Para un estudio clásico sobre las diferencias entre las distintas denominaciones del cristianismo protestante y la historia de su relación con el comercio y la economía en general, véase Weber, M. (2020). *Ética protestante y el espíritu del capitalismo*. Barcelona: Biblioteca Nueva.

[66] Cuando decimos *materialista,* no nos referimos al uso vulgar del término como individuo que concede mucha importancia a intereses personales como el dinero, sino al marco explicativo en filosofía y teoría de la ciencia que otorga primacía ontológica a la materia. Una explicación materialista de cualquier fenómeno procurará priorizar factores ecotecnológicos y económicos antes que apelar a causas simbólicas o espirituales en su análisis.

Existen razones para creer, por consiguiente, que la creciente intensidad de actividad religiosa en los Estados Unidos constituye un intento de resolver o escapar de los problemas del mal funcionamiento del consumismo, desempleo, desbaratamiento de los papeles sexuales, demolición de la familia soportada por el hombre que gana el sustento, alienación del trabajo, gobierno opresivo y burocracias de sociedades anónimas, sentimientos de aislamiento y soledad, miedo al delito y desconcierto sobre cuál es la raíz y causa de que se produzcan tantos cambios a la vez.[67]

A la luz de este razonamiento resultaría extraño pensar que la fe religiosa es un elemento derivado del sistema comercial, que forma parte de su juego y sus reglas y que ha sido conscientemente elaborada como parte de una estrategia de ventas. Más bien, al contrario, supone una reacción en su nacimiento al sistema del que surge, pese a que, en determinado punto, economía y religión puedan coexistir y obtener beneficio mutuo.

Todo esto no otorga licencia para tratar la materia prima de la religión como un producto mercadeable, dado que no existen, en sí ni *a priori*, transacciones de fe con ánimo de lucro. En otras palabras, ninguna religión propiamente dicha se anuncia con objeto de arrebatar creyentes a otro para ganar dinero. Antropológicamente resulta un sinsentido equiparar una institución religiosa con una sociedad comercial, puesto que su función social, trasfondo histórico y penetración en la vida del individuo supera abrumadoramente el de cualquier empresa.

De ser válida semejante equiparación, podríamos hablar de mercado de fe y, consiguientemente, de marketing religioso. Pero cuando nos referimos a las conversiones, incluso desde posiciones ateas, lo máximo que podemos referir es un cambio de filiación, análogo al que se produce cuando el ciudadano de un país se traslada a otro, cambiando de nacionalidad, por diversos motivos de carácter sociológico, jurídico o, incluso, psicológico.

[67] Harris, M. (2019). *Op. Cit.*, p. 582.

Ahora bien, si adoptamos una posición *emic*,[68] tomando por caso el catolicismo, la fe es de todo punto imposible de mercadear, pues como explica Santo Tomás «creer es un acto del entendimiento que asiente a la verdad divina por imperio de la voluntad movida por Dios mediante la gracia».[69] De manera que un creyente no puede afirmar que la conversión de un budista al catolicismo se ha producido por una suma de factores como la palabra del sacerdote, la persuasión de su círculo de amistades y familiares y la presión cultural del lugar donde habita. Menos aún puede decir que es el resultado de un grupo de acciones de marketing. Según las categorías mentales del creyente, en coherencia con la teología cristiana, la fe es un don de Dios.

En este punto, fijémonos en el argumento cosmológico Kalām, una de las pruebas filosóficas de la existencia de Dios, según la fórmula silogística[70] empleada en la filosofía contemporánea por William Lane Craig:[71]

1. Todo lo que ha empezado a existir tiene una causa.

2. El universo ha empezado a existir.

3. El universo tiene una causa.

Por universo entendemos todo el conjunto de lo material dentro del continuo espacio-tiempo. Y si aceptamos que, según el

---

[68] En el estudio antropológico de una cultura humana, perspectiva de análisis que prioriza el punto de vista interno de los miembros de la sociedad estudiada, considerando las categorías de significado que otorgan a sus prácticas, usos, costumbres y modos de pensamiento y expresión. Se opone a la perspectiva *etic*, que examina prioritariamente las manifestaciones externas de la cultura estudiada según su reflejo en el comportamiento de los miembros y a partir de categorías y conceptos universales que permitan la comparación entre grupos. Aunque la conciliación entre ambas perspectivas es objeto de debate en el campo de las ciencias sociales y la filosofía de la ciencia, existe cierto consenso teórico en que no son reductibles entre sí ni en una dirección ni en otra. Pese a que la antropología ha popularizado su uso científico, la distinción entre *emic* y *etic* procede de la lingüística según la formulación de Pike al abordar las diferencias fonémicas y fonéticas. Véase Harris, M. (1976). «History and significance of the emic/etic distinction». *Annual Review of Anthropology*, 5, pp. 329-350.

[69] Santo Tomás de Aquino, *S.Th.*, 2-2, q. 2 a. 9; *cf.* Concilio Vaticano I: DS 3010.

[70] «Un silogismo es un argumento en el cual, establecidas ciertas cosas, resulta necesariamente de ellas, por ser lo que son, otra cosa distinta de las antes establecidas». Esta es la definición de Aristóteles en *An. pr.* I 24b 18-23 según recoge Ferrater Mora, J. (2021). *Op. cit.*, p. 751.

[71] Craig, W. L. (1979). *The Kalām Cosmological Argument*. Eugene: Wipf & Stock Publishers.

razonamiento precedente, tiene una causa, esa causa por necesidad debe preceder al universo y ser de este modo, inmaterial, aespacial y atemporal. Ante una conclusión como esta solo tenemos dos alternativas, a saber: la causa del universo es algo equivalente a una idea platónica o la causa del universo es algo que podemos llamar Dios. Pero las ideas platónicas no tienen eficacia causal, por lo que lo más razonable sería pensar que la causa del universo es Dios.

Dicho esto, si por religión comprendemos el complejo de creencias y prácticas rituales consistentes en el acto de *religare*, según Lactancio, «porque nos ata o liga al servicio de Dios»,[72] entonces, ¿cómo es posible hacer marketing con lo eterno? Si no se puede hacer marketing con el contenido de la religión, queda fuera de toda duda que la religión sea marketing.

---

[72] Ferrer, J. (2001). *Filosofía de la religión*. Madrid: Palabra, p. 18.

Capítulo 2

El marketing visto desde fuera

2.1. Los límites ontológicos del marketing

Ya hemos dicho que el marketing no inunda toda la realidad. Por finalizar la discusión, insistiremos, una vez más, en que, si así fuera, no habría diferencia entre semejante disciplina y Dios, el alma o el mundo.[73] Es evidente que el marketing no se identifica ni pretende identificarse con ninguna de las tres entidades. De modo que, por cuanto concierne al marketing, debe haber algo independiente de su existencia. En efecto, ese algo lo integrarían el conjunto de los objetos y sujetos del universo, toda vez que no estén formando parte activa de las actividades propias del marketing, a saber, la promoción y la publicidad comercial.

Naturalmente, los objetos inanimados no tienen capacidad de percepción, por lo que no pueden ser pacientes del marketing. Dicho de otro modo, los objetos inanimados no son el objetivo del marketing, sino su mero instrumento, una serie de recursos circunstanciales subordinados a la lógica de la utilidad y el rendimiento. Empero, los objetos animados y, particularmente, los de inteligencia superior, como es el caso de los seres humanos, pueden ser simultáneamente agentes y pacientes del marketing.[74] Es más, no

---

[73] Estas son las tres ideas-fuerza de la ontología racionalista wolffiana, que constituyen el fundamento de su doctrina del ser. Véase Wolff, C. (2000) *Pensamientos racionales acerca de Dios, el mundo y el alma del hombre, así como sobre todas las cosas en general*. Madrid: Akal.

[74] Una de las grandes dificultades inherentes a la investigación de mercados reside en el hecho de que observador y observado pertenecen al mismo género. Es decir, los estudios de mercados, encuadrados en el campo de las ciencias sociales, presentan la peculiaridad de que tanto los investigadores como los investigados son humanos que interactúan en una red compleja de intercambios comerciales y transacciones económicas. Por tanto, resulta complicado desprenderse de multitud de sesgos y aventurar resultados debido a la imborrable presencia

solo es que puedan serlo, sino que deben serlo, dado que resultan la condición necesaria para que las técnicas de comercialización se produzcan y se orienten a la consecución de fines.

Pongámonos pues, primero, en el lugar del paciente del marketing para poder alcanzar empáticamente la comprensión de lo que percibe el individuo-diana de los ingenieros comerciales. Cuando un paisano de a pie visualiza un anuncio televisivo, consume un contenido comercial en redes sociales o se deja seducir por una reducción en el precio de su artículo favorito, suele convertirse, sin saberlo, en el receptor de la conocida como *llamada a la acción*. Esta herramienta del marketing no es más que un estímulo diseñado para provocar una respuesta de carácter económico, es decir, una compra. Los humanos, como seres provistos de un aparato sensorial avanzado, son capaces de detectar variaciones en el medio interno y externo y, consecuentemente, desarrollar una acción motora en calidad de adaptación a los cambios percibidos. Todo estímulo es, por tanto, una perturbación externa que altera el estado de un sistema generando un cambio adaptativo. El principio de causalidad rige el marketing —y casi todo lo demás—, ya que las compras asociables a las llamadas a la acción son llanamente un efecto parcial o total de las estrategias de manipulación social de nuestros tecnólogos del comercio.

2.2. Los principios de asociación y repetición

Sin embargo, los cambios experimentados por la audiencia del marketing apenas les son reconocibles. Más aún, cuanto más efectiva sea la acción de marketing, menor será su probabilidad de reconocimiento. Podemos decir, en consecuencia, que existe una relación inversamente proporcional entre eficacia y reconocimiento

---

de sesgos metodológicos y la naturaleza impredecible (hasta cierto punto) de la mente y la conducta humana.

en lo tocante al marketing y los sujetos que lo padecen.[75] Cuanto más consciente es el individuo de que su comportamiento está siendo dirigido, mayor resistencia ofrecerá ante la inducción. Los profesionales del marketing, en líneas generales, se sirven de lo que John B. Watson —fundador del conductismo en psicología— denominó *reacciones adquiridas*. Según la formulación de Bertrand Russell, la teoría conductista de Watson vendría a decir que:

> Cuando el cuerpo de un animal o ser humano[76] se ha colocado lo bastante a menudo bajo la influencia de dos estímulos aproximadamente simultáneos, el primero de estos, por sí solo, tenderá a producir la reacción ocasionada anteriormente por el otro.[77]

Este principio, que podríamos denominar *asociativo*, explica precisamente el condicionamiento de un comportamiento mediante el vínculo de un estímulo neutro y estrictamente sensorial, con otro dotado de la capacidad de producir una emoción, habitualmente vinculada a las sensaciones del espectro del placer. Aunque Aristóteles[78] lo había enunciado 22 siglos antes, fue Pavlov el primero en demostrar empíricamente esta ley peripatética: «Cuando dos cosas suelen ocurrir juntas, la aparición de una traerá la otra a la mente».[79]

Tomando por ejemplo la famosa melodía de McDonald's junto a las imágenes de jugosas y apetecibles hamburguesas disfrutadas por personas sonrientes, advertimos rápidamente que el principio de

---

[75] Nos referimos aquí al sentido etimológico latino de *padecer* con el significado de «experimentar». Véase de Vaan, M. (2008). *Etymological Dictionary of Latin and the Other Italic Languages*. Leiden: Brill, p. 450.

[76] Véase cómo Watson no contempla diferencias entre los procesos de aprendizaje humanos y animales, señalando implícitamente que los humanos no se encuentran en una escala ontológica superior al del resto de los animales, sino que son, en definitiva, nada más que el resultado del proceso de evolución natural.

[77] Russell, B. (2021). *Fundamentos de filosofía*. Madrid: Penguin Random House, p. 27.

[78] Para atender a la evolución histórica en el estudio del aprendizaje asociativo, desde Aristóteles a la psicología experimental moderna (pasando por Pavlov), véase Balsam, P. D., Drew, M. R., & Gallistel, C. R. (2010). «Time and associative learning». *Comparative cognition & behavior reviews*, 5, 1-22.

[79] Aristóteles, *De memoria et reminiscentia*, 449b24-450a10.

asociación que hemos mencionado requiere el auxilio de la memoria. Si las asociaciones de estímulos, como es el caso de los anuncios de McDonald's, se repiten lo suficiente, el efecto sonoro del *para papa pa* bastará para desencadenar por sí solo el recuerdo del placer experimentado por el consumo de la carne de vacuno a la parrilla, con lo que se completa la reacción adquirida. Este suceso, por extraño que parezca, opera bajo el mismo mecanismo en virtud del cual un niño «entiende» lo que es un biberón, ruido de palabras que por asociación y repetición ha vinculado mecánicamente a la necesidad y satisfacción de tomar su leche en los momentos oportunos. Sin embargo, a diferencia del aprendizaje del lenguaje en los niños, el anuncio de McDonald's necesita contar con una base de recuerdos previa. Solo si el receptor del estímulo ha probado las hamburguesas con anterioridad y es capaz de asociarlas mnémicamente al placer organoléptico, la campaña publicitaria encontrará un anclaje mental sobre el que repercutir con repeticiones periódicas.[80] Eventualmente, dependiendo de las condiciones fisiológicas y las capacidades cognitivas particulares de cada sujeto, el estímulo primordial será suficiente para que, en contextos ajenos a la visualización del anuncio en televisión, la melodía traiga a la memoria el recuerdo del placer del consumo de carne que acompaña a la degustación de su sabor.

Como decíamos, Pavlov demostró experimentalmente este mecanismo haciendo sonar una campana a la vez que mostraba comida a su famoso perro, que salivaba irremediablemente ante la visión del almuerzo.[81] Tras un número suficiente de repeticiones, el perro de Pavlov segregaba saliva con el solo tañido de la campana. El estímulo incondicionado había provocado una respuesta condicionada.

---

[80] Existen estudios científicos aplicados a la publicidad que, utilizando técnicas metaanalíticas, examinan el número de exposiciones que maximizan la respuesta del consumidor ante un anuncio. Ver Schmidt, S., & Eisend, M. (2015). «Advertising repetition: A meta-analysis on effective frequency in advertising». *Journal of Advertising*, 44(4), pp. 415-428.
[81] Para una exposición detallada y documentada del caso, véase el clásico Kuhn, T. S. (1962). *The Structure of Scientific Revolutions*. Chicago: University of Chicago Press.

Tanto la salivación ante la comida como el placer recordado por primera vez ante la imagen de la hamburguesa son reflejos innatos. Ambas reacciones se pueden explicar con la ayuda de la fisiología y la biología evolutiva, puesto que la salivación facilita la lubricación de la masticación y la posterior deglución y digestión de los alimentos, mientras que el placer provocado por ciertos sabores responde a una ventaja adaptativa dispuesta para priorizar alimentos ricos en nutrientes.

2.3. De la caverna al pensamiento crítico

Sea como fuere, de forma intuitiva sabemos que, si reparásemos en toda esta serie de pormenores, es probable que, aunque el marketing no perdiera su influjo causal sobre nuestra conducta, sí se vería afectado en cierta medida. Pero ¿por qué? Para responder a esta incógnita debemos rescatar el mito de la caverna. Platón, en *La República*, dice por boca de Sócrates en su diálogo con Glaucón:[82]

> —[…] Represéntate hombres en una morada subterránea en forma de caverna, que tiene la entrada abierta, en toda su extensión, a la luz. En ella están desde niños con las piernas y el cuello encadenados, de modo que deben permanecer allí y mirar solo delante de ellos, porque las cadenas les impiden girar en derredor la cabeza. Más arriba y más lejos se halla la luz de un fuego que brilla detrás de ellos; y entre el fuego y los prisioneros hay un camino más alto, junto al cual imagínate un tabique construido de lado a lado, como el biombo que los titiriteros levantan delante del público para mostrar, por encima del biombo, los muñecos.
>
> —Me lo imagino.
>
> —Imagínate ahora que, del otro lado del tabique, pasan hombres que llevan toda clase de utensilios y figurillas de hombres y otros animales, hechos en piedra y madera y de diversas clases; y entre los que pasan unos hablan y otros callan.

---

[82] Platón, *La República*, Libro VII, 514a–516a.

—Extraña comparación haces, y extraños son esos prisioneros.

—Pero son como nosotros. Pues, en primer lugar, ¿crees que han visto de sí mismos, o unos de los otros, otra cosa que las sombras proyectadas por el fuego en la parte de la caverna que tienen frente a sí?

—Claro que no, si toda su vida están forzados a no mover las cabezas.

—¿Y no sucede lo mismo con los objetos que llevan los que pasan del otro lado del tabique?

—Indudablemente.

—Pues entonces, si dialogaran entre sí, ¿no te parece que entenderían estar nombrando a los objetos que pasan y que ellos ven?

—Necesariamente.

—Y si la prisión contara con un eco desde la pared que tienen frente a sí, y alguno de los que pasan del otro lado del tabique hablara, ¿no piensas que creerían que lo que oyen proviene de la sombra que pasa delante de ellos?

—¡Por Zeus que sí!

—¿Y que los prisioneros no tendrían por real otra cosa que las sombras de los objetos artificiales transportados?

—Es de toda necesidad.

—Examina ahora el caso de una liberación de sus cadenas y de una curación de su ignorancia; qué pasaría si naturalmente les ocurriese esto: que uno de ellos fuera liberado y forzado a levantarse de repente, volver el cuello y marchar mirando a la luz, y al hacer todo esto, sufriera y a causa del encandilamiento fuera incapaz de percibir aquellas cosas cuyas sombras había visto antes. ¿Qué piensas que respondería si se le dijese que lo que había visto antes eran fruslerías y que ahora, en cambio está más próximo a lo real, vuelto hacia cosas más reales y que mira correctamente? […]

A la luz de la filosofía platónica, comprobamos cómo los receptores del complejo de estímulos configurados en una estrategia de marketing presencian una permanente proyección de sombras análoga a las que los moradores de la caverna se ven sometidos. En la medida en que los consumidores-moradores de la caverna toman conciencia de la realidad de las cosas a través del pensamiento (*diánoia* – διάνοια) y la palabra (*hē dialektikē*– ἡ διαλεκτική), su conducta se ve mediada por un proceso de reflexión crítica.

El pensamiento crítico[83] es el examen de los fundamentos y límites de los hechos que se manifiestan ante la experiencia del individuo. Mientras que el marketing nos presenta una sucesión de sombras que deforman la realidad circundante al sujeto —despersonalizado como puro cliente en potencia—, el enjuiciamiento sistemático de los mensajes y estímulos percibidos concede la posibilidad de alumbrar, si quiera de forma aproximada, la verdad de las cosas. El marketing, en suma, representa el mundo a la manera de un mapa cartografiado a conveniencia del cartógrafo; mientras que, por su lado, la crítica sirve al propósito de reducir las distorsiones entre dicho mapa y el territorio en que se basa, o sea, la realidad. Las operaciones de marketing responden a un conjunto de estrategias empresariales y comerciales, por lo que acomodan la interpretación emitida de la realidad a las necesidades del guion, obviando, cuando es necesario, todo lo demás en calidad de lastre para las métricas de rendimiento. El problema reside en que, sin todo ese *demás*, la capacidad de juicio del sujeto receptor se ve sesgada y, consecuentemente, comprometida.

La realidad, por otro lado, es imposible de agotar en su infinita complejidad. Pero, como quiera que sea, resulta casi evidente que el análisis contribuye a la desvelación parcial de la verdad (*aletheia* – ἀλήθεια),[84] pues si, a la manera cartesiana, el receptor ejerce la crítica para desmontar los mensajes (estímulos) que recibe, y así

---

[83] Entiéndase *crítica* en el sentido empleado por Benito Jerónimo Feijoo, en su sobra *Teatro crítico universal*, precisamente compuesta para el «desengaño de errores comunes». Véase Feijoo, B. (1728-1739). *Teatro crítico universal: Discursos varios en todo género de materias, para desengaño de errores comunes*, VIII vols. [*online*]. Disponible en: https://www.filosofia.org/bjf/bjft000.htm

[84] Esta es la noción clásica (griega) del hallazgo de la verdad: la retirada del velo que la recubre a través de la razón.

diferenciar clara y distintamente tanto sus partes como la relación entre ellas,[85] su conducta pasará de la teledirección a la autodirección, al menos, en el ámbito de lo posible.

Pero el marketing ejercido no altera la realidad —la verdad, en sí misma— porque los diseñadores y ejecutores abriguen intenciones perversas. Lo hace porque constituye su propia naturaleza, su razón de ser: la persuasión respecto a lo suyo, frente a la plétora de alternativos y sustitutos desplegados por la competencia del rival económico. El marketing no puede (ni debe) marcar el camino de la verdad; no puede extraer a los presos de la caverna, sino mantenerlos atados en su interior, sometidos a la dinámica del comportamiento maquinal. La revelación de la verdad, por cuanto es accesible a través del pensamiento, es un trabajo filosófico.

2.4. El marketing, los modos de pensamiento y el fenómeno de la alienación

El marketing, visto desde fuera, *sub specie aeternitatis,*[86] tiende a conducir a su audiencia objetivo a lo que Daniel Kahneman ha denominado *sistema uno* de pensamiento, frente a su contraparte, el *sistema dos.* Mientras que el *uno* opera automáticamente y persigue la búsqueda de atajos cognitivos para responder ágilmente a los problemas, el *dos* lo hace de manera pausada, consciente y controlada, al ser compatible con el razonamiento crítico, a diferencia del *uno*, que se adapta de manera más adecuada a la economía del comportamiento.[87]

Las estrategias de marketing que induzcan el *sistema dos* en su audiencia, ciertamente estarán abocadas al fracaso, pues son campañas fallidas desde su génesis. Por contra, cualquier plan diseñado

---

[85] Descartes, R. (2010). *Discurso del método/Meditaciones metafísicas.* Madrid: Austral.
[86] «Desde la perspectiva de lo eterno, es decir, visto objetivamente y de forma desapegada de las circunstancias concretas.
[87] Kahneman, D. (2012). *Pensar rápido, pensar despacio.* Madrid: Debate.

para provocar una reacción inconsciente y acelerada de consumo, si surte el efecto deseado, deviene un éxito. Ese es el sentido de *viralidad*, que actúa informativamente con la misma agresividad que un virus se replica mediante el contagio masivo. El marketing tiene las de ganar de tal manera, ya que la condición humana, de acuerdo con las tesis de Kahneman, tiende al *sistema uno* incluso bajo las condiciones en que se activa el *sistema dos*. Del mismo modo que la eficiencia energética es un principio biológico básico, nuestro modo de procesar información tiende a la optimización del esfuerzo y, consecuentemente, a la estandarización, en forma de rutinas, en la relación entre nuestros pensamientos y nuestras acciones.

El famoso *spot* de Snickers, «No eres tú cuando tienes hambre», es un claro ejemplo de lo dicho. Los técnicos de mercado encargados de la campaña omitieron deliberadamente cualquier mención a las propiedades organolépticas, los valores nutricionales y cualquier otro aspecto cuantitativo o cualitativo de la barrita de chocolate en cuestión. Sin embargo, mediante la apelación a la recompensa inmediata —recuperación del autocontrol tras satisfacer el deseo de comer—, a la identidad personal y al tono de humor pensado para disparar respuestas emocionales, el estímulo Snickers provoca una respuesta superficialmente pensada sobre la base de instintos primarios.

Cuando David Hume,[88] a propósito de la naturaleza humana, señalaba que la razón es esclava de las pasiones, precisamente refería que, frente al vigor de las emociones, difícilmente puede imponerse el rigor del cálculo y el pensamiento sopesado. La preeminencia de las emociones como base rectora de la conducta, no obstante, plantea cierta forma de alienación,[89] toda vez que el sujeto pierde

---

[88] El filósofo escocés, de hecho, lo lleva más allá, relegando la razón al cargo de servidora de las pasiones en la búsqueda exclusiva de medios para la consecución de fines motivados bajo la primacía de la pasión en detrimento de la moral (fruto del pensamiento racional). Ver Hume, D. (2005). *Tratado de la naturaleza humana*. Madrid: Tecnos.
[89] Entiéndase como pérdida del autocontrol, de la privada selección de los actos, expropiados a causa de factores externos de carácter social, económico y cultural.

intermitentemente o, en casos extremos, continuamente, su independencia intelectual.

Al dimitir del pensamiento racional (*sistema dos*), el sujeto paciente del marketing escinde su conciencia, momentáneamente cuando se halla bajo el influjo de una campaña especialmente efectiva —que cumple su objetivo—, y permanentemente cuando renuncia a evaluar detenidamente los elementos involucrados en sus decisiones de compra. De este modo, el individuo se extraña de sí mismo, poniendo en manos de terceros su capacidad de juicio, perdiendo la propiedad de su actividad vital, que se vuelve ajena (*Entäußerung*).[90] Es en este momento cuando se consuma la anulación de la voluntad, al menos en lo referente al consumo, que deja sin permear pocos ámbitos de la vida contemporánea. Dicho escalón, al que cada conciencia accede como transportada por la pasarela automática de los medios de comunicación *online* y *offline*, culmina la disolución del individuo en la colectividad, del sujeto en el objeto (se cosifica por enajenación). Así, cada miembro de la audiencia, salvo que resista agarrado a las reglas del *sistema dos*, se transforma en hombre-masa, a saber: satisfecho y seguro dentro de la multitud, siguiendo modas, ideologías o costumbres sin cuestionarlas.[91]

---

[90] El concepto de *Entäußerung*, como enajenación, se presenta en la obra de juventud de Karl Marx. Véase Marx, K. (2013). *Manuscritos de economía y filosofía*. Madrid: Alianza.
[91] El concepto de *hombre-masa* fue acuñado por el filósofo español Ortega y Gasset, que se refiere a este individuo, prototípico de la era contemporánea, como hombre que no es más que «caparazón», desprovisto de «una intimidad suya, inexorable e inalienable, de un yo que no se pueda revocar». Ver Ortega y Gasset, J. (1999). *La rebelión de las masas*. Barcelona: Austral, p. 15.

Capítulo 3

El marketing visto desde dentro

3.1. La guerra por las buenas

Alcanzado este nivel de nuestro discurso, conviene ponernos el sombrero de los profesionales del marketing para considerar cómo navega el barco desde la vista panorámica del castillo de proa. Hemos mencionado, más arriba, que los pilotos de cualquier campaña de marketing son, verdaderamente, ingenieros comerciales y, de tal manera, ingenieros sociales. Semejante denominación no esconde carga semántica ni tiene como propósito enjuiciar axiológicamente[92] su trabajo. Sencillamente, debemos tomar por ingeniero a todo aquel cuya labor consiste en resolver problemas complejos mediante el uso aplicado de una gama de técnicas. Este es, seguramente, el mejor sentido que podemos asignar a la palabra *ingenio*.

Los ingenios del marketing, por norma general, responden a una estrategia inserta en un plan. El plan de marketing, por tanto, es la obra de cabecera del profesional del gremio; obra donde vuelca todo su conocimiento mercantil, desde la perspectiva más genérica en relación con su propósito o interés hasta el dato más concreto y específico vinculado a las actividades que configuran su campaña.

En todo este lenguaje reconocemos rápidamente resonancias con el ámbito de las armas. No en vano, el mercado es una biocenosis en la que sus miembros avanzan, retroceden, depredan, parasitan, ganan y pierden. La actividad mercantil recuerda profundamente a la guerra, puesto que es una competición que, en lugar de resolverse por medio de la violencia organizada, lo hace a través de métodos

---

[92] La axiología es la teoría de los valores. Enjuiciar axiológicamente una proposición o hecho consistiría en analizarla a la luz de una serie de criterios éticos determinados.

pacíficos como la influencia social. Se trata, pues, de una suerte de «guerra por las buenas».

El plan de marketing congrega el conjunto de estrategias de una campaña y su rector, al igual que en la Antigüedad, es el *strategos* (στρατηγός) que, junto con su equipo comanda los avances comerciales de su compañía, rindiendo cuentas por sus decisiones y tomando posiciones en forma de fracciones o cuotas del mercado. Las posiciones pueden ser incluso territoriales además de contables y la justificación no acontece frente a la asamblea de la ciudad (*ekklesiasterion* - ἐκκλησιαστήριον), sino frente al comité ejecutivo o el comité de dirección, es decir, la aristocracia empresarial.[93]

Para que la estrategia de marketing alcance el cumplimiento de sus objetivos, sus coordinadores deberán dar cuidadosamente una serie de pasos útiles para conocer el sistema de órbitas en que se mueve su producto o marca (macroentorno), a sus rivales y a su propia compañía con sus recursos y capacidades. De esta forma, inconscientemente las más veces, el marketing estratégico hace suyo el aforismo de Sun Tzu: «Si no conoces ni al enemigo ni a ti mismo, perderás cada batalla».[94]

3.2. La empresa y el mundo: la parte que se conoce en el todo que la contiene

Siempre en conexión con su objetivo general —la optimización de la oferta ordenada a la maximización de la demanda—, el estratega del marketing procederá diagnosticando la situación en la que se ve inmersa la empresa. El primer escalón de este proceso, necesariamente, consistirá en evaluar el conjunto de factores externos a la compañía que afectan directa o indirectamente a su rendimiento.

[93] La aristocracia sería, de acuerdo con Aristóteles, el gobierno de los mejores, de los nobles, en el sentido de aquellos que poseen la virtud (*areté* - ἀρετή) por su nobleza o excelencia. Véase *Política*, III, 1279a33-b10.
[94] Sun Tzu (2022). *El arte de la guerra*. Madrid: Alianza.

Entre dichos factores se hallan los aspectos de carácter político, económico, sociológico, tecnológico y legal.

Comenzar una estrategia mediante el estudio de las condiciones exógenas de la actividad comercial de una compañía da cuenta de la imposibilidad de conocer algo salvo a través de su relación con el medio circundante. Si bien Descartes[95] quiso deducir el mundo a partir del *yo* (*ego*) como sustancia pensante (*res cogitans*), Hegel afirmó que «lo verdadero es el todo»,[96] por lo que, para entender cualquier objeto particular, es imprescindible plantear su análisis como resultado del desarrollo de una totalidad inmensamente superior que lo desborda.

Dicho de modo más simple: cualquier empresa no es sino parte de un entramado de orden más amplio; se funda en el marco de un sector que pertenece a un mercado, etc. La empresa no puede concebirse racionalmente de modo hipostático[97] como entidad netamente abstracta, flotante e independiente de la red socioeconómica a la que pertenece. Esto es, el término *empresa* y todo lo que implica es puramente abstracto y, consiguientemente, irreal, salvo que se explique en razón de su pertenencia a una serie de conjuntos preexistentes. Tan solo nos es dado conocer la parte por su relación con el todo.[98] Inversamente, aunque el todo no sea estrictamente

---

[95] Descartes, R. (2010). *Op. cit.*

[96] Hegel, G.W.F. (1971). *Fenomenología del espíritu*. México DF: FCE.

[97] Entiéndase por *hipóstasis* la substanciación de un concepto abstracto. Por ejemplo, la proposición «el mercado está inquieto» equivaldría a hipostasiar el conjunto de las relaciones mercantiles de forma independiente a sus agentes, concediendo, de este modo, agencia al mercado como si fuera un sujeto dotado de voluntad. Dicho esto, tampoco es admisible negar las propiedades emergentes del mercado (o de cualquier otra totalidad resultado de un sistema complejo), considerándolo equivalente de forma simplista al conjunto de las interacciones entre los humanos que lo componen. Tales interacciones hacen surgir movimientos masivos que retroalimentan las partes originalmente constituyentes. Afirmaciones radicalmente individualistas como las de Ludwig von Mises pasan por alto una falacia de composición análoga a decir que el ser humano no es más que el conjunto de sus órganos. *Cf.* Von Mises, L. (2023). *La acción humana. Tratado de economía*. Madrid: Unión Editorial.

[98] Aunque hemos recurrido a la filosofía hegeliana para razonar sobre este punto, no nos referimos a un todo en el sentido que dio Hegel al absoluto, es decir, a la realidad misma en su desarrollo dialéctico. Más bien, referimos el *todo* como abstracción de conjuntos de cosas

reductible a la suma de sus partes, tampoco se puede entender genuinamente sin conocer, cuando menos, las conexiones existentes entre ellas. Esto es el principal síntoma que nos muestra el régimen de codependencia que gobierna los sistemas complejos.

Así, no podríamos aprehender la verdadera posición de una empresa en el mercado sin primero saber el porqué de la coyuntura mercantil. Tirando de este mismo hilo, no podríamos conocer el estado del mercado sin alcanzar la comprensión de los procesos antropológicos que lo moldean y, a su vez, sería imposible entender este último punto sin las nociones necesarias sobre el recorrido histórico del hombre en el marco de su cultura. Semejante lógica puede extrapolarse *ad infinitum*. Sin embargo, por razones evidentes circunscritas a nuestras necesidades prácticas, derivadas de nuestra propia finitud, resulta estéril e imposible tratar de agotar el conocimiento de cualquier ente complejo.

Pensemos en el siguiente caso: para diseñar su campaña de marketing anual B2G[99] y superar a Boeing, los estrategas comerciales de Airbus Defence & Space deben, primeramente, evaluar la actividad comercial de la compañía en relación con su competencia (léase Boeing, Dassault, Saab, Lockheed Martin…) por comparación. Pero, además, deben ponderar su estudio comparado en función de la circunstancia económica que afecta a la industria de la aviación militar, que depende radicalmente del estado de la industria de defensa, que a su vez lo hace de la demanda de plataformas militares por parte de los Estados con intereses internacionales, los cuales son difícilmente explicables sin una ligera idea de geopolítica. Esta sucesión puede

---

que superan cualitativamente la reunión de sus partes. Lo hacemos, así, de forma pluralista, partiendo de la base de que no todas las cosas existentes forman parte de una misma sustancia que es, en sí, idéntica al ser. Nuestro presupuesto se alimenta del principio de *symploké* (συμπλοκή), tal como lo define el materialismo filosófico de Gustavo Bueno (interpretando a Platón en *El sofista*, 251e-253e), cuya ontología defiende un pluralismo a base de continuidades y discontinuidades, en virtud de cuyos entrelazamientos —*symploké* significa, precisamente, «trama» — es posible conocer el mundo. Véase Bueno, G. (1972). *Ensayos materialistas*. Madrid: Taurus.

[99] *Business to Government.*

alargarse tanto como nuestros objetivos a corto, medio o largo plazo lo demanden.

3.3. Sobre la verdad perecedera de los hechos de mercado

Muy a menudo, ciertos estudiosos de las denominadas *ciencias empresariales* han tratado de justificar el análisis externo de una compañía —en el seno del plan de marketing y en otros ámbitos— en función del cóctel que aglutina el carácter volátil, incierto, cambiante y ambiguo del entorno (VUCA, por sus siglas en inglés).[100] Aplicado al estudio del medio, se trata de un predicado que no aporta información nueva ni esclarecedora, ya que su verdad inhiere en la propia formulación del término. No añade contenido empírico y, de tal modo, el recurso a dicho concepto es inútil. En suma, nos hallamos frente a una tautología disfrazada que es, simultáneamente, una falacia de reificación[101] y de novedad (*ad novitatem*) por cuanto sustantiva una trivialidad y la pretende ofrecer falsamente como un elemento de juicio central que anula modelos explicativos anteriores sin haberse movido ni un milímetro hacia delante en el conocimiento de las relaciones causales que afectan a la empresa.

Al margen de un pretendido entorno VUCA, es imprescindible emprender el análisis externo (macroentorno) de la empresa, puesto

---

[100] Existe incluso literatura académica (no podemos decir científica, puesto que sería mentir) que teoriza sobre esta obviedad, hablando de la transición de entornos VUCA (por la definición dada) hacia entornos frágiles, ansiosos, no lineales e incomprensibles (BANI, por sus siglas en inglés). Ambos acrónimos representan enunciados tautológicos que no aportan ninguna clase de información acerca de la naturaleza del mundo y el estado de cosas del presente, más allá de lo que cualquier ser pensante, dotado de juicio, es capaz de averiguar como fruto de su propia experiencia. Véase Martínez, A. P. (2022). «De un entorno VUCA a un entorno BANI para dar sentido a este mundo de transformación constante». *Capital Humano: revista para la integración y desarrollo de los recursos humanos*, (376), p. 24.

[101] «Tendencia consistente en transformar las relaciones sociales o las representaciones mentales en cosas». Herder Editorial (s. f.). *Reificación*. En *Enciclopedia Herder*. Recuperado de https://encyclopaedia.herdereditorial.com/wiki/Reificaci%C3%B3n

que obliga la propia contingencia[102] del mundo. El marketing solo puede ejercerse desde presupuestos realistas, es decir, desde la premisa filosófica que sostiene la existencia de un mundo externo al sujeto, que, además, es por él mismo cognoscible. Desde esta base no puede ignorarse que lo cognoscible y efectivamente conocido por el profesional del marketing (o cualquier otro entendimiento finito) es un conglomerado de cuestiones (o verdades) de hecho que, por constituir proposiciones contingentes, son verdades que podrían no haberlo sido. La negación de una verdad contingente o verdad de hecho no implica contradicción.

Tomemos este punto desde el siguiente ejemplo: entre abril y junio de 2024, la tecnológica surcoreana Samsung acumulaba un 19% de la cuota global de teléfonos inteligentes, mientras que su principal competidor, la estadounidense Apple, ostentaba un 15,8% del total global de unidades vendidas.[103] Si bien esto es cierto, conforme a los datos estadísticos disponibles, podría haber sido de otro modo. A buen seguro, dicha certeza es únicamente pasajera, puesto que, con total seguridad, cambiará en un momento u otro.

Pretender que tanto Apple como Samsung mantendrán indefinidamente en el tiempo tales cuotas de mercado supondría volver la espalda al cambio y, por consiguiente, al propio tiempo. Eso nos devolvería a la metafísica presocrática, particularmente a la de Parménides, que, frente a la creencia de Heráclito de que absolutamente

---

[102] Entiéndase como la posibilidad de que algo suceda o no suceda, por oposición a necesidad, que implica la indefectible existencia de algo o el irremediable acontecer de un suceso. Por ejemplo: que los pueblos suevo, vándalo y alano invadieran la península ibérica en el siglo V es un hecho contingente, puesto que ocurrió (según las crónicas), pero podría no haber ocurrido de no ser por el colapso del Imperio romano de Occidente. Sin embargo, que la suma de los ángulos de cualquier triángulo sea igual a dos ángulos rectos (180º) es un hecho necesario, puesto que, siendo de otro modo, no podríamos hablar de triángulos. Es decir, la negación de esta última razón implicaría contradicción. La distinción entre verdades de hecho y verdades de razón fue desarrollada en la filosofía moderna por Gottfried Leibniz. Véase Leibniz, G. W. (2021*). Nuevos ensayos sobre el entendimiento humano*. Madrid: Alianza.
[103] Zandt, F. (13 de agosto de 2024). *Samsung, Apple and Xiaomi Command Half of the Global Smartphone Market in Q2 2024*. Recuperado de https://www.statista.com/chart/32252/global-quarterly-market-share-of-the-top-5-smartphone-vendors-by-shipped-devices/

todo es un torrente incesante de cambio (*Panta rei* - Πάντα ῥεῖ), afirmaba: «No nos queda más que un camino que recorrer: el ser es. Y hay muchas señales de que el ser es increado, imperecedero, porque es completo, inmóvil, eterno. No fue, ni será, porque es a la vez entero en el instante presente, uno, continuo».[104]

Un plan de marketing requiere cierta medida de estabilidad y orden cósmico, al depender de datos empíricos, pero el concierto y la disposición de los factores en los que se desenvuelven las operaciones mercantiles de una empresa es algo efímero. De ahí la inevitable urgencia de renovar la estrategia de marketing, que no es sempiterna y está siempre sujeta a los bandazos del tiempo, que es el número del movimiento: el cálculo de la sucesión de los hechos, aparentemente lineal desde nuestra perspectiva humana.[105]

Consumada esta instancia del plan estratégico de marketing, es posible dar luz y claridad a la empresa desde su conocimiento en relación con lo circundante, como engranaje de un sistema sin *telos* (τέλος) o finalidad, que no se explica por sus medios —pues no los tiene por sí solo, aunque sus partes individuales sí—, sino por el entramado de causas eficientes que lo configuran, retroalimentando

---

[104] Parménides. (1982). *Fragmento 8* (en H. Diels, *Die Fragmente der Vorsokratiker*, trad. R. Verneaux, en *Textos de los grandes filósofos: Edad Antigua*, 5.ª ed.). Barcelona: Herder, pp. 13-16.

[105] Decimos «aparentemente lineal» puesto que, de hecho, la cosmovisión cíclica ha sido más la norma que la excepción en la historia general de las culturas humanas. El famoso eterno retorno nietzscheano, por ejemplo, bebe de ideas como la *ekpýrosis* (ἐκπύρωσις) estoica, que plantea una destrucción y restitución periódica del universo. Hasta la consolidación de la mentalidad cristiana (herencia del judaísmo) en la filosofía occidental no quedará implantada en el imaginario colectivo una idea espaciotemporal provista de un inicio y orientada hacia un final (tiempo genético y escatológico). Actualmente, filósofos del tiempo y cosmólogos discuten sobre la posibilidad de dos modelos contrarios de tiempo: el modelo A y el modelo B. El primero y más intuitivo postula un flujo hacia delante en la concatenación de sucesos que ocurrieron (pero ya no existen), que ocurren (y existen efectivamente) y que ocurrían (aunque no existen todavía). El segundo, alternativamente, ofrece una negación del flujo temporal en el que los eventos no se suceden dando paso unos a otros, sino que existen simultáneamente y se ordenan en un bloque estático que genera la ilusión de movimiento en los sujetos perceptores según sus capacidades cognoscitivas. Véase Rosenmeyer, T. G. (1989). *Senecan drama and Stoic cosmology*. Berkeley: University of California Press. Cf. Stanford Encyclopedia of Philosophy (2023). «Time». En *The Stanford Encyclopedia of Philosophy*. Stanford University. Recuperado de https://plato.stanford.edu/entries/time/

el movimiento operatorio de las unidades básicas de decisión en la economía: productores, consumidores y distribuidores. Sin estos, cada empresa equivaldría a la nada.

Así pues, el diseñador de la estrategia de marketing pasa del punto de vista macroscópico al microscópico, ocupándose —ahora sí— de la evaluación de los recursos que habilitan las capacidades comerciales con el auxilio del conocimiento previamente adquirido. Las capacidades son, utilizando la terminología aristotélica, el conjunto de potencias que una empresa puede actualizar.[106] Las capacidades no existen efectivamente, pese a existir embrionariamente de forma previa a su desarrollo. Pero dicho desarrollo no acontece de manera espontánea y autosuficiente, ya que nada puede ser causa de sí mismo.[107] El desarrollo de las capacidades puede —porque es contingente— devenir en hechos siempre y cuando una causa externa empuje (mueva) las capacidades hacia su causa final: el rendimiento.

---

[106] Para resolver la antinomia de Heráclito y Parménides —la negación metafísica del cambio (*kínēsis* – κίνησις) y la permanencia respectivamente—, Aristóteles formula la doctrina de la potencia (*dýnamis* – δύναμις) y el acto (*enérgeia* – ἐνέργεια), en virtud de la cual resulta posible ofrecer una explicación racional para el presunto paso del no-ser al ser; imposible, puesto que, de la nada, nada sale (*ex nihilo nihil fit*). Aunque el ente en acto contenga en sí mayor perfección, la potencia ostenta la posibilidad del ser, lo cual supone, en sí, cierto grado de existencia inferiormente perfecta o plena. De tal modo se salva el obstáculo parmenídeo al anular por completo la inexistencia del ser. No obstante, esta tesis depende necesariamente de la existencia de, al menos, un ente eterno y carente de potencia alguna, un acto puro que constituya la fuente primigenia y permanente del ser: el acto puro. Para una comprensión completa de este asunto central en la filosofía clásica, escolástica e, incluso, contemporánea, véase *Metafísica* IX 6, 1048b18-35. *Cf.* Pruss, A.R. (2018). *Infinity, Causation, & Paradox*. Oxford: Oxford University Press.

[107] La *causa sui* es otro de los problemas tradicionales del pensamiento filosófico. Tal como se ha visto en la nota previa y más arriba (en el texto), para que un ente pase de la potencia al acto necesita un actualizador externo, puesto que, si tuviera la capacidad de actualizarse a sí mismo, significaría que ya se encuentra en acto, lo cual es contradictorio con el hecho de que se encuentre en potencia. Para completar este razonamiento, cabe subrayar que un ente no puede encontrarse simultáneamente en potencia y en acto en un mismo sentido o fin (aunque sí en diversos sentidos o fines). Esto violaría el principio de identidad (A=A) y, derivadamente, el principio de no contradicción (A≠¬A), pues entre dos contrarios no cabe una tercera opción (principio del tercero excluso o *tertium non datur*). Por ejemplo: un humano cualquiera no puede ser responsable de su propia concepción, ya que, pese a ser un humano en potencia aun no habiendo sido concebido, requiere la existencia e interacción de unos padres para traerlo al mundo y, consecuentemente, actualizar la potencia de su existencia.

3.4. La fábrica del *ethos*

Los recursos, por su lado, constituyen la condición de posibilidad de las capacidades de la compañía que, mediadas por un agente de cambio, tienen la potencia para materializarse en resultados. La reunión de los medios de producción y la fuerza de trabajo, o sea, de la maquinaria, el capital financiero, los activos tecnológicos y los trabajadores de la compañía, permite competir a la empresa a través del trabajo coordinado. El profesional del marketing deberá observar, medir e interpretar la potencia competitiva de semejante motor por comparación con la de sus homólogos y rivales mercantiles. La calibración de los recursos propios frente a los ajenos permitirá diagnosticar, de tal modo, el cuadro de debilidades y fortalezas. Tales propiedades intrínsecas a la compañía, puestas a la luz de los factores extrínsecos evaluados previamente (en el análisis externo), proporcionan las claves de la oportunidad y la amenaza; o sea, el punto de partida de la táctica comercial: la determinación de los objetivos.[108]

En cualquier caso, las zonas del mercado que se pretenden ocupar y aquellas que se pretenden defender requieren disponer de un marco de acción común, una suerte de *unidad de destino en lo universal*,[109] encajada en el cuadro de circunstancias que dan cuenta de la perspectiva de una compañía. En la dimensión de los estudios empresariales, poblada de filósofos espontáneos,[110] semejante sistema de representación parcial y subjetiva del mundo ha venido en llamarse *misión, visión* y *valores*.

Definir unos objetivos requiere, por tanto, disponer de un mandato *a priori* en el trabajo de la empresa, la *misión*, que trasciende

---

[108] Aparece, una vez más, el argot militar.

[109] Esta idea central de la filosofía orteguiana, traducible como «empresa común», puede trasladarse —*mutatis mutandis*— desde la dialéctica de los Estados a la dialéctica de las compañías mercantiles. Para entender su desarrollo, en el contexto y sentido original que le concede el autor, véase Ortega y Gasset, J. (2011). *España invertebrada*. Barcelona: Austral.

[110] Entiéndase en el sentido de aquellos pensadores que ejercen la filosofía acrítica y asistemáticamente, no a la manera académica (no necesariamente universitaria), tal como la concibió su fundador en la Academia (Ἀκαδήμεια): Platón.

las actividades particulares, las cuales deben ordenarse hacia él. El plan de marketing, de tal manera, responde a una doctrina finalista precedente, dirigida por un entendimiento *ad hoc* del entorno, que es codependiente de la *misión*. Dichos elementos prefiguran un juicio general que define el carácter o modo de obrar de la empresa: su *ethos* (ἦθος) o conjunto de principios morales dirigidos a guiar las decisiones según los criterios elegidos para distinguir entre el bien y el mal.

No obstante todo lo anterior, llama la atención el hecho de pensar que todos los integrantes de una empresa puedan aceptar y llevar a cabo tal ética corporativa del trabajo. Ante un pensamiento así, cabe decir que, del mismo modo que Hobbes entendía el Estado (*Leviatán*) como un individuo compuesto o una persona artificial formada por la unión de muchos individuos naturales bajo un poder común,[111] la empresa puede racionalizarse de idéntica manera.

Así como en la concepción hobbesiana del Estado (*res publica* o cosa de todos) rige el principio protestante de la religión estatal (*cuius regio, eius religio*) para evitar contaminaciones ideológicas con serios efectos políticos, la concepción hobbesiana de la empresa (*res privata* o cosa de unos pocos) implicaría la versión secular de este principio, cuya fuente de autoridad se halla en la dirección general o la presidencia.

Esto es así, puesto que la fuerza productiva de la empresa conforma la inmensa mayoría de sus recursos humanos y, además, no dispone de una mente colmena que comulgue sincrónica e irremediablemente con las disposiciones del fundador y sus sucesores. Lo hacen, en el mejor de los casos —junto con contadas excepciones—, a raíz de los efectos del incentivo salarial y, en el peor, de la coerción contractual.

Los *valores* de la empresa, a partir de los que su equipo de marketing selecciona un conjunto de actividades de marketing,

---

[111] Hobbes, T. (2018). *Leviatán: O la materia, forma y poder de una república eclesiástica y civil.* Barcelona: Deusto.

forman parte de una moral administrada, que no es autónoma sino heterónoma,[112] dado que parte de una voluntad, en principio, ajena a la de los sujetos que la ejercitan, por mucho que ocasionalmente pueda darse la identificación genuina entre la voluntad del individuo corriente y la de sus administradores.

Como quiera que sea, resulta difícil concebir que el especialista en marketing pudiera operar autónomamente rigiéndose en exclusiva por los mandatos de la razón. Siguiendo a Kant, «[…] obra como si la máxima de tu acción debiera convertirse, por tu voluntad, en ley universal de la naturaleza».[113] Un escenario así entraría en conflicto con la política comercial de la compañía, gobernada precisamente a base de política —según criterios económicos— y no a golpe de moral, pese a que esta cimiente parcialmente la *eutaxia* (εὐταξία)[114] o buen orden de toda su estrategia a todos los niveles.

Las éticas empresariales, en cualquier caso, suelen ser ejercicios de filosofía práctica sesgada (pseudofilosofías), fundada en modas sociales. Para contar verdaderamente con una ética, no puede prescindirse de una antropología. Ambas, a su vez, no pueden prescindir de una ontología. Esto es así, puesto que, para saber qué debe hacer una persona ante determinada situación —especialmente si afecta a la salud financiera de terceros—, debe contarse con una definición de *persona*. Para saber si esa persona es libre y, consecuentemente, tiene responsabilidad sobre sus actos, debe contarse con una

---

[112] La distinción entre autonomía y heteronomía pertenece al idealismo trascendental de Kant: «Cuando la voluntad busca la ley que ha de determinarla en algún otro lugar diferente de la aptitud de sus máximas para su propia legislación universal y, por lo mismo, sale fuera de sí misma a buscar esa ley en la constitución de algunos de sus objetos, se produce entonces, sin lugar a dudas, la heteronomía». Véase Kant, I. (1994). *Fundamentación de la metafísica de las costumbres*, II. Madrid: Espasa-Calpe, pp.120-121.

[113] *Ibid.*, p. 92.

[114] «[…] donde "bueno" significa capaz (en potencia o virtud) para mantenerse en el curso del tiempo. En este sentido, la *eutaxia* encuentra su mejor medida, si se trata como magnitud, en la duración». Ver García Sierra, P. (2021). «Eutaxia en sentido político». En Teoría de la sociedad política y del Estado [563]. *Diccionario filosófico*. Recuperado de https://www.filosofia.org/filomat/df563.htm. *Cf.* Bueno, G. (1991). *Primer ensayo sobre las categorías de las «ciencias políticas»*. Logroño: Biblioteca Riojana. *Cf. Política* VI, 6, 1321a.

definición de *libertad* e interrogarse sobre si tal definición encaja con el modo de ser del hombre, luego se hace imprescindible la ontología.

3.5. El porvenir velado

Puestos a planear los paquetes de acciones de marketing en conexión con sus correspondientes objetivos, los ingenieros comerciales se enfrentan a otro gran problema: la incertidumbre. Pese a que la naturaleza (*phýsis* – φύσις) se encuentre articulada por una serie de leyes que explican su funcionamiento[115] —mecánica clásica newtoniana[116]—, el cambio histórico del hombre discurre en un plano diferente. La historia, en tanto que conjunto de acciones humanas insertas en el tiempo y la suma de sus resultados, depende del desarrollo del conocimiento,[117] que actúa de brújula del obrar.

Como aclara Popper, las ideas, los descubrimientos, los inventos y las innovaciones de diverso tipo no pueden saberse de antemano. De ser así, ya los tendríamos en nuestro haber. Por tanto, no pueden equipararse las leyes naturales a unas pretendidas leyes sociales que rijan el devenir histórico ni tampoco sumergirse la historia en el caldo de la biología y, por extensión, de la química y de la física. Consiguientemente, nuestra aproximación intelectual al porvenir es puramente probabilística y dependiente de los acontecimientos pasados. Sin embargo, sabemos también que el futuro no tiene por qué comportarse como el pasado. En el reino de lo empírico, las inferencias son siempre inductivas,[118] por lo que acometer una suerte de deducción,

---

[115] Esto es así en la escala cosmológica, puesto que en la escala subatómica no nos es dado conocer la posición absoluta y el movimiento lineal de las partículas, de acuerdo con el principio de incertidumbre de Heisenberg. Véase Heisenberg, W. (1927). «Über den anschaulichen Inhalt der quantentheoretischen Kinematik und Mechanik». *Zeitschrift für Physik, 43*(3), pp. 172-198.

[116] Véase Newton, I. (2022). *Principios matemáticos de la filosofía natural.* Madrid: Alianza.

[117] Popper, K. (2014). *La miseria del historicismo.* Madrid: Alianza.

[118] Como explica David Hume, «Todas las inferencias tomadas de la experiencia suponen, como fundamento, que el porvenir se parecerá al pasado y que poderes semejantes seguirán unidos a cualidades sensibles semejantes. Si no fuera así, todo nuestro razonamiento

al modo geométrico,[119] no es más que una ilusión, tal como han demostrado eventos recientes de la magnitud del covid-19.[120]

Los estudios de prospectiva estratégica (*foresight*[121]) pretenden anticipar escenarios futuros en el marco de la relación posibilidad-probabilidad. Si bien la posibilidad implica todo aquello que no es lógicamente contradictorio, la probabilidad refiere los grados de ocurrencia dentro del campo de lo posible lógicamente. Sin embargo, los trabajos de *foresight* no se fundan en modelos probabilísticos que representen matemáticamente la incertidumbre de los

---

basado en la experiencia carecería de fundamento». [...] «Ninguna demostración puede probar que el porvenir debe ser conforme al pasado, pues es concebible que no lo sea. Por consiguiente, todos los razonamientos sobre cuestiones de hecho parecen fundarse en la relación de causa y efecto, y todos los razonamientos de este tipo se derivan únicamente de la experiencia». Véase Hume, D. (2007). *Investigación sobre el entendimiento humano*. Madrid: Alianza, pp. 53-54.

[119] Retomando el siguiente —y clásico— ejemplo: en un plano, sabemos *a priori* (antes de la experiencia, de lo empírico) que una figura de tres lados siempre tendrá necesariamente tres ángulos y que la suma de dichos ángulos siempre será igual a 180°. En línea con razonamientos anteriores, podría afirmarse sin miedo al error que la proposición «un triángulo es una figura plana de tres lados cuyos ángulos internos equivalen a dos ángulos rectos» es una verdad de razón y no de hecho. Es decir, alcanzar este conocimiento verdadero requiere una serie de pasos analíticos finitos. Por el contrario, conocer el punto en que una empresa se encontrará en el futuro, dadas una serie de circunstancias contingentes, requeriría una serie de pasos analíticos tendentes al infinito, por lo que, en el mejor de los casos, nuestra aproximación a la verdad es netamente estadística (va de los hechos observados al modelo teórico sobre lo probable).

[120] Un número significativo de estudios académicos recientes han enfatizado la necesidad práctica de reforzar las propiedades adaptativas de los sistemas complejos sociales, ante el carácter impredecible de eventos como la pandemia por coronavirus. Semejantes fenómenos son resultado de configuraciones causales no lineales, dentro de las cuales, el más mínimo cambio o alteración puede derivar en resultados muy difíciles o imposibles de aventurar. A modo de ejemplo, léase Gilead, T., & Dishon, G. (2021). «Rethinking future uncertainty in the shadow of COVID 19: "Education, change, complexity and adaptability"». *Educational Philosophy and Theory*, *54*(6), pp. 822-833.

[121] El propio término *foresight* ya resulta sospechoso etimológicamente. Bajo una traducción más o menos acertada al español vendría a ser «visión adelantada», lo que recuerda la precognición del clarividente, que puede revelar los hechos futuros por anticipado, tal como figura en la literatura clásica. Así, lejos de ser un trabajo estrictamente científico, la prospectiva estratégica se acerca más a la adivinación. Es curioso el hecho de que la influencia del augur siga vigente desde tiempos de la Roma pagana, donde los auspicios se tenían en muy alta consideración y también respondían a un estudio descriptivo del pasado y a una serie de técnicas complejas (*ars auguralis*). Véase Cicerón, M. T. (1999). *Sobre la adivinación*. Madrid: Gredos.

resultados posibles. Más bien, al contrario, especulan acerca de la plausibilidad del porvenir.[122]

En ese sentido, la prospectiva estratégica no incorpora verdadero conocimiento al marketing para fundamentar la toma de decisiones. No lo hace puesto que sus conclusiones se basan en conjeturas no verificables ni falsables.[123] De tal modo, son gratuitas y constituyen más bien una profecía revelada por oráculos-consultores que una predicción elaborada sobre principios teóricos provistos de coherencia interna a nivel conceptual.

3.6. El problema de la medición

Con estos mimbres, los estrategas de marketing urden su procedimiento ante el horizonte del caos y bajo el amparo del control progresivo sobre las actividades propuestas a través de una colección de instrumentos de medida del cambio social específicamente adaptados a los objetivos del plan. En cierto modo, la mayor parte del plan de marketing es un programa de investigación aplicada e indefinida temporalmente, ya que jamás puede clausurarse, pues, a la postre, siempre vuelve sobre sí mismo. Empero, los sucesivos episodios o ediciones de la estrategia, que es dependiente del contexto, serán tanto mejores en cuanto que los instrumentos de medida (*key performance indicators* o KPI) se encuentren bien calibrados, es decir, midan precisamente el cambio social hasta el umbral de consecución de las metas comerciales marcadas.

---

[122] A modo de ejemplo, en el ámbito empresarial, léase Accenture (2024). *Accenture Life Trends 2024*. Accenture. Dentro de un orden más extenso y ambicioso, léase el siguiente informe oficial: Gobierno de España, Oficina Nacional de Prospectiva y Estrategia. (2021). *España 2050: Fundamentos y propuestas para una Estrategia Nacional de Largo Plazo*. Presidencia del Gobierno.

[123] Entiéndase por falsable toda afirmación que puede ser refutada por medio de la observación de los datos, es decir, de la experiencia. Empero, como los trabajos de *foresight* especulan sobre futuros optimistas y pesimistas carentes de base probabilística, sus conclusiones no constituyen de ningún modo un conocimiento válido desde el punto de vista científico. Para el desarrollo del concepto en su fuente primaria, véase Popper, K. (2008). *La lógica de la investigación científica*. Madrid: Tecnos.

Luego el problema reside en la teoría de la medición. La definición de Stevens, utilizada ampliamente, reza: [...] «measurement, in the broadest sense, is defined as the assignment of numerals to objects or events according to rules[124]». En el caso del marketing, resulta imperativo aclarar que tales objetos o eventos son derivados de la conducta humana y, de tal manera, no homologables a los objetos inanimados y fenómenos reproducibles bajo condiciones controladas —en laboratorio—, como en las ciencias naturales. Esto no quiere decir que procesos económicos relacionados con el consumo, como los que involucra el marketing, no puedan medirse. En principio, incluso desde posiciones positivistas fuertes, toda magnitud real es susceptible de medición. Pero como los instrumentos de medida no son artefactos tangibles sino constructos conceptuales y las reglas que arbitran el comportamiento humano no son universales, el trabajo del marketing exige depurar la fiabilidad y pertinencia de las herramientas.

Un caso ilustrativo es la medición del *engagement* en redes sociales. Aunque se habla de él como si fuera una propiedad objetiva del contenido, su valor numérico depende por completo de las reglas metodológicas que se adopten. Por ejemplo, diferentes plataformas definen *interacción* de modo distinto: algunas incluyen únicamente *likes* y comentarios; otras incorporan clics, tiempo de visualización, reacciones, compartidos o incluso métricas derivadas por algoritmos. Además, su fórmula puede expresarse como interacciones sobre impresiones, sobre alcance, sobre usuarios únicos o sobre visualizaciones, produciendo valores no comparables entre sí.

En este caso, el *objeto* medido —la respuesta del público— no es un fenómeno estable, sino un comportamiento humano condicionado por la interfaz, las pautas culturales, la hora de publicación, la comunidad en cuestión y las normas sociales implícitas. Y las reglas

---

[124] «La medición, en el sentido más amplio, se define como la asignación de números a objetos o eventos de acuerdo con reglas». [Traducción propia] Véase Stevens, S. S. (1946). On the theory of scales of measurement. *Science* 103, 667–680.

que permiten asignarle un número no son leyes físicas sino convenciones analíticas: decisiones conceptuales sobre qué cuenta como interacción, qué ventana temporal se considera relevante o cómo se corrigen los datos para eludir sesgos algorítmicos. Al cabo, todas estas consideraciones nos conducen a la pregunta sobre el estatuto científico del marketing.

Capítulo 4

¿Es el marketing una ciencia?

4.1. El espejismo científico

Al igual que en el primer capítulo, la respuesta a esta pregunta puede ser tan breve como uno esté dispuesto a admitir. No. El marketing no es una ciencia. Sin embargo, de nuevo, no sería propio de la razón dejarlo aquí y dimitir de la explicación que lo justifique. Si ojeamos la literatura académica sobre el asunto —en principio, fuente de referencia para cuestiones gnoseológicas[125]—, nos encontramos primeramente con un artículo publicado en 1952 en el *Journal of Marketing*, donde el profesor Hutchinson (*Boston University*) se hacía eco del hecho de que, siendo la opinión de muchos autores que el marketing es un cuerpo unificado de pensamiento, de ello se podía inferir que empezaban a abrigar la idea de que la disciplina es una ciencia.[126]

Tomemos esta proposición como punto de partida. Aun si fuera cierto que el marketing se encuentra constituido como doctrina unificada,[127] ello no colocaría esta disciplina dentro de la categoría

---

[125] La gnoseología (γνωσις, *gnōsis*, «conocimiento») es el estudio filosófico del conocimiento y sus condiciones de posibilidad.

[126] En palabras del autor: «*Little doubt was left in the mind of the readers, however, that the authors considered marketing to be a unified body of thought; and from this one can infer that they suspect that it is a science*» [Sin embargo, a los lectores les quedaban pocas dudas de que los autores consideraban el marketing como un cuerpo de pensamiento unificado; y de esto se puede inferir que sospechan que es una ciencia». Traducción propia]. Véase Hutchinson, K. D. (1952). «Marketing as a Science: An Appraisal». *Journal of Marketing*, 16(3), p. 286.

[127] Como resulta casi evidente de forma intuitiva, el marketing no es un cuerpo de pensamiento unificado. En primer lugar, porque todos sus desarrollos teóricos proceden de otras disciplinas —mayoritariamente pertenecientes al campo de las ciencias sociales—; y, en segundo lugar, porque el marketing carece de una teoría general, más allá de una serie de marcos de análisis y modelos descriptivos. En cualquier caso, tal como veremos en adelante,

ciencia. Por analogía, podríamos pensar en la mitología como estudio sistemático de los mitos. Por ejemplo, podríamos considerar la mitología griega, en tanto que doctrina, sin sospechar ni un solo momento que el conocimiento derivado de la interpretación de las narraciones mitológicas, tal como figuran en los poemas homéricos, en Hesíodo e, incluso, en Platón, fuera conocimiento científico.

Otros sistemas de ideas coherentes internamente, unificados y basados en una extensa tradición son las religiones monoteístas contemporáneas —a las que ya se ha hecho mención más arriba—, especialmente el cristianismo, el islam y el judaísmo. Ninguno de estos cuerpos de conocimiento pasaría, ni por asomo, como ciencia. Las propias filosofías particulares, como el aristotelismo, espinosismo, idealismo trascendental o absoluto o materialismo histórico (entre otras muchas), son seguramente el ejemplo paradigmático de cuerpos unificados de pensamiento que no son ciencias.[128]

Tampoco lo son las ideologías, en su sentido político, pese a contener internamente y perpetuar externamente un cuerpo de pensamiento unificado. Lejos de ser conocimiento científico, para Louis Althusser las ideologías representan la relación imaginaria de los individuos con sus condiciones reales de existencia.[129] Ningún producto de la imaginación puede, en efecto, adquirir el estatuto de conocimiento científico, pues la *eikasía* (εἰκασία) ni siquiera puede considerarse conocimiento, situándose incluso por debajo de la creencia (*pístis* – πίστις), tal como dejó dicho Platón en el libro VI de *La República*.[130]

---

este tampoco es el criterio de definición científica en sentido estricto. Si así lo fuera, tampoco sería una ciencia la economía, dada su pluralidad de escuelas y su naturaleza internamente polémica.

[128] Por mucho que se haya considerado históricamente la filosofía como ciencia, hay que decir que, en el mejor de los casos, se trata de un uso anticuado del término *ciencia* en el sentido de sapiencia, como saber erudito. En el peor de los casos es un error, como se verá más adelante, que es también de aplicación al estatuto gnoseológico del marketing.

[129] En su versión original francesa: «*L'idéologie représente la relation imaginaire des individus à leurs conditions réelles d'existence*». Véase Althusser, L. (1976). *Idéologie et appareils idéologiques d'État (Notes pour une recherche)*. En L. Althusser, *Positions (1964–1975)*. Éditions Sociales, p. 68.

[130] Platón. (2013). *Op. cit.*, 509d-511e.

Antes de atender a la gran pregunta, sobre *lo que es* el marketing a nivel gnoseológico, debemos despejar la incógnita de *lo que es* la ciencia, por definición, habida cuenta de que toda definición es una negación del resto de los entes situados fuera de sus límites (como ya se ha dicho: *omnis determinatio est negatio*). Luego lo que necesitamos en primer lugar es comprometernos con un paradigma gnoseológico, esto es, con una teoría de la ciencia.

Presuponemos que los hallazgos científicos son, ciertamente, una forma de conocimiento, *ergo* al teorizar sobre la ciencia, lo hacemos sobre el conocimiento de tipo científico. En efecto, intuimos que el marketing, en tanto que disciplina, es capaz de aportar conocimiento, pero solo a través de disciplinas más fundamentales sobre las que se levanta, provistas del cierre categorial[131] que las constituye como ciencias, a saber: la economía, la lingüística, la psicología o la demografía (entre otras), sin las que el marketing carece de instrumentos conceptuales a partir de los cuales desarrollar sus elementos prácticos.

La economía o la lingüística funcionan desde términos estables como la curva de oferta y demanda, los agregados macroeconómicos, los fonemas, los sintagmas o las reglas sintácticas, que son imprescindibles para articular los procedimientos del marketing a partir, asimismo, de una serie de operaciones como la optimización de costes y maximización de beneficios, las predicciones econométricas (para el caso de la economía) o las reglas de escritura (para el caso de la lingüística).

Mientras que las ciencias —en sentido moderno y positivo[132]— cuentan con la propiedad de cerrar su campo de acción, desde el que

---

[131] La gnoseología adoptada en nuestro razonamiento es deudora de la filosofía materialista de Gustavo Bueno y se encuentra desarrollada en su teoría inconclusa de la ciencia, publicada bajo el rótulo de *Teoría del cierre categorial*. Véase Bueno, G. (1992-1993). *Teoría del cierre categorial* (vols. I-V). Oviedo: Pentalfa. Si bien nuestro planteamiento no se alinea de forma estricta y total con todos los puntos del materialismo filosófico a este respecto, sí bebe de sus ideas en una parte importante.

[132] Entiéndase por *positivo* todo lo que es dado, efectivo y comprobable en sentido fenoménico (*positum*), lejos de su acepción puramente psicológica como *bueno* u *optimista*.

intervienen y transforman el mundo, las tecnologías son dependientes de los hallazgos científicos como saberes de primer orden. Esto es, las tecnologías son saberes o disciplinas de segundo orden según la lógica planteada. Por ejemplo, la medicina no es una ciencia —por absurda que parezca esta afirmación—, sino una tecnología dependiente en grado sumo de disciplinas científicas con campos de estudio propios, términos estables y operaciones particulares cerradas (aunque no clausuradas),[133] como la biología, la química, la física o las matemáticas, sin cuya intervención resultaría imposible cualquier proceso de diagnóstico, tratamiento o pronóstico.

4.2. El marketing como tecnología

Mutatis mutandis, el marketing es un saber de segundo orden, o tecnología, en tanto en cuanto debe sus prácticas a términos psicológicos como la percepción, operaciones sociológicas como la encuesta, técnicas estadísticas como las regresiones y teorías como la semiótica lingüística. Todo ello no erosiona la validez o el prestigio del marketing, ya que no se trata de romantizar la ciencia adoptando postulados fundamentalistas. La filosofía, asimismo, es un saber de segundo orden, de naturaleza transversal, que permite entretejer las ideas generadas como resultado de los hallazgos empíricos que dieron comienzo con la observación naturalista del mundo y su racionalización. Tal como rezaba el frontispicio de la Academia de Platón: «No entre el que no sepa geometría» («*ageometretos me eisito*» - ἀγεωμέτρητος μὴ εἰσίτω).[134]

Así pues, podríamos definir una ciencia como un cuerpo organizado e institucionalizado de materiales heterogéneos (términos,

---

[133] Los campos científicos, aunque cerrados, no están clausurados, puesto que disponen préstamos constantemente, no solo desde el punto de vista terminológico, sino también desde el de los hallazgos, las verdades científicas o identidades sintéticas, sin cuya existencia y propiedad transitiva, sería imposible la interdisciplinariedad.

[134] Véase Filópono, J. (1897). *Commentary on Aristotle's De Anima* (M. Hayduck, Ed.; CAG XV). Reimer, XV, 117, 2.

operaciones, instrumentos y sujetos) que, mediante su articulación sistemática, logra producir un sistema propio de identidades sintéticas o verdades científicas relativamente segregadas del sujeto operatorio que las generó.[135]

Vemos que, sobre los cimientos de esta definición, no puede afirmarse que el marketing sea un cuerpo cerrado de materiales operatoriamente organizados, puesto que procede de otras ciencias particulares, como ya se ha dicho. No cuenta tampoco con un núcleo terminológico propio. Más bien, sus conceptos (segmentación, posicionamiento, propuesta de valor…) son aplicaciones modificadas procedentes de teorías previas. No produce verdades científicas (identidades sintéticas), puesto que el campo del marketing, como tal, no existe. En cambio, transita el campo de la economía (mercados, agentes…), el de la psicología (memoria, emociones…), el de la sociología (hábitos, tendencias, prácticas colectivas…), amén de un considerable etcétera. Además, el marketing depende estructuralmente del sujeto operatorio, ya que no incorpora teoremas funcionales al margen de quienes lo ejercen. Más bien, al contrario, las decisiones estratégicas y lecturas del mercado dependen directamente del consultor o equipo creativo. Esto no ocurre así en la química, donde la tabla periódica es inmutable al margen del químico; ni en la geometría, donde el teorema de Pitágoras es $a2 + b2 = c2$ con independencia del geómetra.

De la misma manera que el periodismo es una tecnología porque reorganiza y aplica los conocimientos de una serie de ciencias con propósito informativo, el marketing también lo es, puesto que reorganiza y aplica los conocimientos de esas y otras ciencias con un propósito comercial. Mientras que el periodismo busca la eficacia comunicativa en forma de veracidad, actualidad e inteligibilidad, el marketing busca la eficacia comercial en forma de inducción de comportamientos de consumo, incremento de cuotas de mercado y modificación de percepciones o significados de producto y marca.

---

[135] Bueno, G. (1992-1993). *Op. cit.*

Después de todo lo dicho, advertimos que aseveraciones como «el marketing es una ciencia poco formalizada si se la compara con el grado de formalización de otras ciencias»[136] no tienen sentido, dado que piden el principio[137] implicando directamente que el marketing es una ciencia y que el único problema es la incompletitud de su forma, en proceso de desarrollo. Esto no es un problema exclusivo del marketing, sino que existe en numerosas disciplinas, cuyos practicantes parecen pensar que todo lo que no es científico merece menos respeto. Se trata de un mal muy generalizado que también afecta, por ejemplo, a la educación. En palabras del profesor Uhl:

> La palabra «ciencia» expresa el resultado de la actividad de la investigación en algún campo; las ciencias que investigan objetos o hechos que están en la realidad se llaman ciencias reales. La Ciencia de la Educación es una ciencia real. Por ciencia entendemos también la actividad investigadora. Las proposiciones científicas han de ser tan simples y generales como se pueda, han de ser objetivas y han de explicar si los hechos corresponden a nuestras hipótesis.[138]

Aunque bienintencionada, si la proposición del profesor Uhl fuera cierta, también la astrología, la ufología y la homeopatía serían ciencias, puesto que cuentan con legiones de investigadores dentro de su ámbito. En efecto, todas ellas cuentan con un campo de operaciones, pero no satisfacen en absoluto el resto de las condiciones presentadas en la definición aportada anteriormente. Por otro lado, tampoco podemos categorizar una disciplina como ciencia en función de su objeto de estudio, pues, de ser así, la psicología y la economía serían una y la misma cosa. También lo serían la psicología y la sociología, que estudian al hombre y la sociedad igualmente, si bien, muchas veces, sus conclusiones son contrarias.

---

[136] Martínez Sánchez, J. J., Jiménez, E. (2010). *Marketing*. Madrid: Firmas Press, p. 14.
[137] La petición de principio es una falacia lógica consistente en suponer verdadera, en la premisa, precisamente la conclusión que se pretende demostrar.
[138] Uhl, S. (2006). «Fundamentos filosóficos y empíricos de la investigación en ciencia de la educación». *Educación XX1, 9*, p. 149.

El hecho de que la educación, el marketing ¡o incluso el turismo! adquieran la condición institucional de ciencias responde mayoritariamente a una cuestión gremial o política, equivalente a aquellas circunstancias en virtud de las cuales instituciones de interés antropológico como la tauromaquia son expulsadas del reino cultural[139] por considerarse popularmente que «la tortura no es arte ni cultura».[140]

4.3. Cronos o de la retórica

Empero el estatuto gnoseológico del marketing —una tecnología—, lo cierto es que se encuentra prácticamente absorbido por una de las técnicas (*tékhne* – τέχνη) sobre las que se erige, a saber: la retórica.[141] Pese a que las estrategias de marketing debidamente diseñadas parten de un fundamento positivo basado en la observación, el registro y la interpretación de datos cuantitativos y cualitativos, la imagen proyectada por el gremio de ingenieros comerciales, tal como refleja la opinión mayoritaria, consiste en un arte de persuasión que se sirve de imágenes y palabras casi siempre ilusorias, y que vive, por así decirlo, del mundo de las apariencias.

Volviendo a Platón, el prejuicio popular que concibe el marketing como una fábrica de humo sitúa su actividad solamente en

---

[139] De esto hemos hablado ya en otro lado: Jaspe Nieto, J. (2022). «La expulsión de la tauromaquia del reino de la cultura: El fin de los toros en Alcudia (Mallorca)». *Revista de Estudios Taurinos*, (50), pp.167-215.

[140] Si este lema tan popular fuera cierto, buena parte de las sociedades precristianas del pasado o paganas de la modernidad y el presente, perderían la etiqueta de *culturas*, puesto que sus religiones se encontraban (y encuentran) estrechamente vinculadas a la violencia y el sacrificio ritual, humano o animal. Basta leer los estudios de Girard, Harris o Lincoln. Véase Girard, R. (2006). *La violencia y lo sagrado*. Madrid: Anagrama. Cf. Harris, M. (2011). *Caníbales y reyes*. Madrid: Alianza. Cf. Lincoln, B. (1991*). Death, War, and Sacrifice. Studies in Ideology and Practice*. Chicago: Chicago University Press.

[141] Esta creencia se encuentra implantada incluso en círculos académicos, pese a constituir un claro ejemplo de reduccionismo incapaz de explicar un fenómeno sustancialmente más complejo. Por poner un caso, téngase en cuenta la siguiente definición: *«Marketing is rhetoric intended to get the audience to buy products»* [El marketing es retórica dirigida a que la audiencia compre productos]. Jason, G. J. (2024). On the Rationality of Propaganda. *Philosophy International Journal*, 7(3), p. 3.

el universo de la apariencia, de la imagen corruptible e imperfecta, vacua e irreal. El consumidor de a pie —asimismo ciudadano común— tiende a un dualismo ontológico,[142] en el que el marketing no pertenece al mundo de las esencias sino al *kósmos aisthetós* (κόσμος αἰσθητός) de lo que *parece,* pero no *es.*[143] Para buena parte de la población de este mundo, desconocedora por completo del trabajo intestino de la ingeniería comercial, el marketing es pura prestidigitación.[144]

Aunque el marketing emergiera originalmente de la retórica, lo cierto es que esta última fagocita todo su efecto colectivo, cual Cronos devoraba a sus hijos,[145] con la salvedad de que no resulta factible para el marketing encerrar y olvidar la retórica, puesto que, sin sus recursos, no sería posible satisfacer ningún objetivo. Es crucial recordar que el marketing no anda a la zaga de la verdad —esa empresa le corresponde a la filosofía— ni tiene como propósito elemental educar, sino que busca por encima de (casi) todo el rendimiento económico.

Esto no obsta para que el marketing deba operar dentro de unos límites que no son únicamente legales sino, también, morales. Aunque su razón última sea el lucro, eso no legitima cualquier medio en

---

[142] Postulado filosófico según el cual la realidad está constituida por dos tipos de sustancias fundamentales e irreductibles entre sí. En su formulación general, suele expresarse como una distinción entre lo espiritual/mental y lo material. En el ámbito de la ontología especial, particularmente en la antropología filosófica, esta distinción se manifiesta en la separación entre mente (o alma) y cuerpo, entendidos como dos dimensiones ontológicamente diferentes del ser humano. Para Platón, lo plenamente real es lo inteligible, de cuyas formas puras son reflejo imperfecto los objetos. En su filosofía, las ideas son las esencias (pues subsisten al cambio), mientras que lo material es accidental y, en ese sentido, contingente.

[143] Hace referencia al mundo de los objetos sensibles. Véase Platón (2013). *Op. cit.,* VI-VII.

[144] Este prejuicio coincide con la propia noción platónica de retórica, como pseudotécnica desprovista de contenido verdadero y de conocimiento propio más allá de su servicio al mejor postor, como pudiera ocurrir con otras habilidades parasitarias del auténtico cuidado del alma y del cuerpo, tales como la cosmética. Por boca de Sócrates, Platón sostiene la distinción entre las técnicas genuinas (*tékhne* - τέχνη) y las pseudotécnicas (*empeiría* - ἐμπειρία) en su diálogo *Gorgias* (462b-466a). Véase Platón (2010). *Diálogos: Gorgias, Fedón, El Banquete.* Barcelona: Austral.

[145] La *paidofagía* (παιδοφαγία) o antropofagia filicida del titán Cronos se relata en la *Teogonía.* Véase Hesíodo (2024). *Teogonía.* Madrid: Gredos.

orden a dicho fin. Del mismo modo que el virtuoso Ulises, fecundo en astucias, ejerce la retórica sabiamente cuando le resulta propicio, sin que ello menoscabe su prestigio y valor como héroe —pues el rey de Ítaca no es un trilero sin más—, el marketing y sus cabezas pensantes deben trasladar su acervo de conocimientos teóricos a la práctica, conscientes de la responsabilidad que implican sus actos, pese a que el provecho sea, a fin de cuentas, el combustible de su motor.

Epílogo

L a reflexión sobre los componentes filosóficos del marketing nos ha conducido por muy variados derroteros. Pero a la hora de poner cierre a nuestra disquisición, conviene recapitular a modo de síntesis, extractando lo mollar de cada capítulo, a fin de trabar un argumento con otro del modo más claro posible.

Ya ha quedado probado que no existen argumentos, más allá de una reconstrucción mitológica, que permitan situar el nacimiento del marketing en el origen de la actividad humana. Decir que el marketing está en todo o, peor aún, que todo es marketing implica un reduccionismo ascendente que incurre en una seria confusión de conceptos radicalmente distintos. No todo es intercambio, por lo que no todo es mercado, luego no todo es marketing. Afirmar lo contrario, acaso metafóricamente, resulta peligroso en el mejor de los casos y falaz en el peor de ellos.

Todo esto se debe a que el ejercicio del marketing presupone instituciones sociales bien fundadas como el mercado y la propiedad privada, las cuales ni son universales ni son inherentes a nuestra condición como especie. Sendas entidades son construcciones sociales dependientes de desarrollos culturales concretos. A diferencia del mercado y la propiedad, sí encontramos trazas de persuasión, cooperación y seducción en otros contextos de la naturaleza, fuera del reino del hombre —en el reino animal—, sin que de ello se siga que semejantes fenómenos forman parte del entramado operativo del marketing.

Por otro lado, hemos procurado demostrar que, fuera de un régimen de libertad en sentido negativo[146], el marketing no podría existir, dado que, bajo condiciones de opresión política y económica, no puede darse la competencia comercial, luego el marketing ejercido desde coordenadas intervencionistas no es más que una quimera. Paradójicamente, la libertad que habilita la existencia real del marketing, como condición de su posibilidad, es asimismo su principal agente neutralizante, puesto que, al permitir la crítica y el boicot como reacción a su actividad, demuestra que no posee poder absoluto y existen reductos sociales impermeables a su efecto.

El marketing es, a fin de cuentas, una práctica cultural y, como tal, contingente, situada históricamente y dependiente de las condiciones sociales del momento. Así pues, tampoco podemos hablar de marketing en todos y cada uno de los órdenes de acción humana. Probablemente el caso más palmario es el de las religiones. Los cultos religiosos no pueden asimilarse a mercados de fe. Sus contenidos, por norma general, tienen que ver con lo trascendente, más allá de los bienes mudables. Por ejemplo, confundir evangelización con captación comercial (el proceso de conversión a modo de embudo de ventas) implica desposeer a la fe —fenómeno inmensamente más complejo— de multitud de matices sin los que no sería más que una disposición psicológica cualquiera.

En el ámbito de la práctica, sabemos también que la eficacia del marketing depende de principios fisiológicos y psicológicos como la

---

[146] Entendemos la libertad en sentido negativo como la ausencia de interferencias externas que obstaculicen las acciones voluntarias del individuo.

asociación de estímulos, la repetición mecánica y la memoria afectiva. Su éxito crece cuando el receptor no reconoce la influencia. Para el caso del marketing, los grados de eficacia del productor y de conciencia del perceptor son magnitudes inversamente proporcionales.

En este sentido, utilizando el símil platónico, el marketing produce sombras, es decir, representaciones arbitrarias y sesgadas de la realidad. Sin embargo, el pensamiento crítico permite escapar parcialmente de la distorsión que produce. Para obtener el máximo nivel de eficacia, el marketing opera casi siempre sobre la base de un tipo particular de inducción del pensamiento, automático y emocional. Si predominara la inducción de pautas de pensamiento basadas en la reflexión y el cálculo, fracasaría terriblemente. Desde fuera, el marketing se presenta como un aparato de influencia que opera sobre las pasiones mediante el refuerzo de automatismos cognitivos.

Desde dentro, en cambio, el marketing recuerda a la estrategia militar, de la que es deudor conceptual y táctico, ya que establece objetivos, toma posiciones, ocupa territorio y emplea información a modo de inteligencia estratégica. Por eso, dado que el marketing exige la existencia de empresas comerciales, no puede entenderse de forma aislada. Las empresas, como la economía, son realidades conectadas a un entorno superior, dependientes de la interacción con sistemas que las desbordan. Es muy importante subrayar que el mercado al que pertenecen es cambiante y sus hechos son contingentes, por lo que resulta obligado revisar planes y estrategias de forma casi ilimitada.

Las estrategias de marketing evalúan potencias empresariales (capacidades) en combinación con un complejo de recursos, de cuya relación dialéctica se siguen una serie de fortalezas, debilidades, oportunidades y amenazas si se compara el conjunto con las condiciones mercantiles del momento. Pero todo esto carece de sentido y dirección práctica si no se orienta en función de unas pautas que fijan el *ethos* corporativo. La *misión*, la *visión* y los *valores* de una compañía, si bien parte fundamental de su estrategia de mercado, son componentes de una moral heterónoma (administrada).

En cuanto a la pretensión predictiva de las estrategias de mercado, cabe decir que lo social no es estrictamente idéntico a lo «natural» —con toda la ambigüedad que incorpora esta idea[147]—. Mientras que existen leyes físicas que permiten predecir la trayectoria y velocidad de un objeto, no nos es dado conocer el mismo resultado aplicable al futuro de la acción humana. No existen leyes sociales, por lo que lo máximo a lo que se puede optar es un cálculo más o menos acertado de las probabilidades de un hecho venidero. Dado que la prospectiva estratégica no suele recurrir a modelos probabilísticos avanzados, no produce otra cosa que conjeturas especulativas, luego no añade conocimiento verificable sobre el que tomar decisiones.

La medición en marketing se basa en convenciones metodológicas, no en leyes universales. Desde dentro, el marketing es estrategia aplicada, dependiente del contexto, que opera con información parcial y mediciones imperfectas, y se enfrenta al porvenir incierto.

Respecto al estatuto gnoseológico del marketing, hemos dicho que no es una ciencia sino una tecnología. Aunque poseyera un cuerpo doctrinal propio, eso no bastaría para alcanzar la categoría científica, sin que residir en la categoría tecnológica implique ningún género de menoscabo. Es más, al contrario, su carácter altamente práctico y sentado en conocimientos positivos procedentes de las ciencias le otorga un prestigio notable.

Sin embargo, a juzgar por una opinión común entre los consumidores debida a la hegemonía de la comunicación en buena parte

---

[147] Recurrimos a la oposición entre sociedad y naturaleza (cultura y naturaleza, si se quiere) por razones netamente prácticas, puesto que, en el fondo, todo desarrollo social no es más que una ramificación de la evolución natural en sentido darwinista. La naturaleza es la totalidad de todo lo que existe físicamente, por lo que ningún producto artificial puede distinguirse de la naturaleza, sino que existe en virtud de las condiciones que esta alberga. Por usar un ejemplo cotidiano: el plástico es tan natural como el agua, por mucho que proceda de un proceso industrial a partir de hidrocarburos derivados del petróleo y mediante la intervención del trabajo humano. Tanto el petróleo como los humanos son elementos presentes en la naturaleza. La idea de producto artificial es una pura convención carente de sustento verdadero.

de la vida (no existe lo que no se comunica),[148] pareciera como si el marketing fuera soluble en la retórica. En efecto, el marketing —en su versión más tosca y primitiva— parece tener su origen en el arte del discurso. A día de hoy, tampoco puede prescindir de este recurso, como es evidente. No obstante, el profesional del marketing no debe dimitir de un esfuerzo que eleve su oficio por encima de la sofística de cuño económico, demostrando que su labor no solo es compatible con la responsabilidad moral de los actos, sino tan refinada y compleja como la traducción práctica y eficaz de un estudio permanente de las condiciones materiales del mundo.

---

[148] Llama la atención la ingente cantidad de connotaciones filosóficas que envuelve esta frase hecha tan popular y usada en el mundo del marketing. De entrada, desde una lectura ontológica de corte fenomenológico, podría decirse que solo existe aquello que se manifiesta, es decir, aquello que aparece como fenómeno. En paralelo, una interpretación epistemológica vendría a señalar que solo existe aquello que permite el acceso al conocimiento, al estilo de la máxima de Wittgenstein al término del *Tractatus*: «Los límites de mi lenguaje son los límites de mi mundo». Por último, una lectura sociológica permite decir que, desde una afirmación así, todo lo existente *es* por ser perteneciente a la esfera social. Podríamos abundar mucho más en este asunto, pero bastaría con decir que, en resumidas cuentas, la sentencia también identifica el ser con la comunicación, lo cual es, cuando menos, atrevido. Véase Wittgenstein, L. (2017). *Tractatus logico-philosophicus*. Madrid: Tecnos.

Bibliografía

ACCENTURE (2024). *Accenture Life Trends* 2024. Accenture.

ALTHUSSER, L. (1976). *Idéologie et appareils idéologiques d'État (Notes pour une recherche)*. En L. Althusser, *Positions (1964–1975)* (pp. 67–125). Éditions Sociales.

ARANGUREN, J. L. L. (1986). *La comunicación humana*. Madrid: Tecnos.

ARISTÓTELES (1995). *Física*. Madrid: Gredos.

— (1988). *Política*. Madrid: Gredos.

— (2022). *Metafísica*. Barcelona: Austral.

— (2022). *Tratados breves de historia natural (Parva Naturalia)*. Madrid: Alianza.

BALSAM, P. D., DREW, M. R., & GALLISTEL, C. R. (2010). «Time and associative learning». *Comparative cognition & behavior reviews*, 5, 1-22.

BELTRÁN, N. (2011). *Estado del arte del marketing religioso*. Bogotá: Pontificia Universidad Javeriana.

BORDES, M. (2011). *Las trampas de Circe: falacias lógicas y argumentación informal*. Madrid: Cátedra.

BOURGEOIS-GIRONDE, S., ADDESSI, E., & BORAUD, T. (2021). «Economic behaviours among non-human primates». *Philosophical Transactions of the Royal Society B*, 376(1819), 20190676.

BUENO, G. (1972). *Ensayos materialistas*. Madrid: Taurus.

— (1992-1993). *Teoría del cierre categorial* (vols. I-V). Oviedo: Pentalfa.

— (2023). *El animal divino*. Oviedo: Pentalfa.

BURKERT, W. (2018). *Cultos mistéricos antiguos*. Madrid: Trotta.

CAMPO, L. (2008). *Diccionario básico de antropología*. Quito: Ediciones Abya-Yala.

CARR, E. H., & DAVIES, R. W. (1980). *Historia de la Rusia soviética. Bases de una economía planificada (1926-1929)* (Vol. I, 2.ª parte). Madrid: Alianza.

CASANOVA, J. (2017). *La venganza de los siervos. Rusia 1917*. Barcelona: Crítica.

CICERÓN, M. T. (1999). *Sobre la adivinación*. Madrid: Gredos.

COPLESTON, F. C. (1994). *A History of Philosophy* (Vols. VII-VIII). Nueva York: Image Books.

CRAIG, W. L. (1979). *The Kalām Cosmological Argument*. Eugene: Wipf & Stock Publishers.

DAWKINS, R. (2017). *El gen egoísta*. Madrid: Salvat.

DE VAAN, M. (2008). *Etymological Dictionary of Latin and the Other Italic Languages*, Leiden: Brill.

DE WAAL, F. B. (2005). «How animals do business». *Scientific American*, 292(4), pp. 72-79.

DESCARTES, R. (2010). *Discurso del método/Meditaciones metafísicas*. Madrid: Austral.

DORSCH, F. (1992). *Diccionario de psicología*. Barcelona: Herder.

ELLENBOGEN, J. M. (2005). «Cognitive benefits of sleep and their loss due to sleep deprivation». *Neurology*, 64(7), E25-E27.

EVANS, J. (23 de marzo de 2022). «Nestlé to halt sales of most brands in Russia». *Financial Times* [online]. Recuperado de https://www.ft.com/content/8ea09d35-84eb-4517-8f8b-aaf1b1493f81

FABRO, C. (1965). *Historia de la filosofía* (Tomo I). Madrid: Rialp.

FERRATER MORA, J. (2021). *Diccionario de filosofía*. Madrid: Alianza.

FERRER, J. (2001). *Filosofía de la religión*. Madrid: Palabra.

FILÓPONO, J. (1897). *Commentary on Aristotle's De Anima* (M. Hayduck, Ed.; CAG XV). Berlín: Reimer.

GALEF, B. G. (1991). «The question of animal culture». *Human Nature*, 3, pp. 157-178.

GARCÍA GUAL, C. (2022). «Introducción». En *Ilíada*, de Homero. Madrid: Gredos.

GARCÍA SIERRA, P. (2021). «Democracia de mercado pletórico: Desigualdad y multiplicidad / Globalización / Derechos humanos / Sufragio universal / Plétora de partidos / Estado de bienestar. Democracia: estructura y ontología (832)». *Diccionario filosófico [online]*. Fundación Gustavo Bueno. Recuperado de https://www.filosofia.org/filomat/df832.htm

GILEAD, T., & DISHON, G. (2021). «Rethinking future uncertainty in the shadow of COVID 19: "Education, change, complexity and adaptability"». *Educational Philosophy and Theory*, 54(6), pp. 822–833.

GIRARD, R. (2006). *La violencia y lo sagrado*. Madrid: Anagrama.

GOBIERNO DE ESPAÑA, OFICINA NACIONAL DE PROSPECTIVA Y ESTRATEGIA. (2021). *España 2050: Fundamentos y propuestas para una Estrategia Nacional de Largo Plazo*. Presidencia del Gobierno.

GRAVES, R. (2020). *Los mitos griegos*. Barcelona: Gredos.

GROSSMAN, G. (1987). «Roots of Gorbachev's problems: Private income and outlay in the late 1970s». En *Gorbachev's Economic Plans*, 1, pp. 213-229.

HARRIS, M. (1976). «History and significance of the emic/etic distinction». *Annual Review of Anthropology*, 5, 329-350.

— (2011). *Caníbales y reyes*. Madrid: Alianza.

— (2019). *Antropología cultural*. Madrid: Alianza.

— (2022). *Introducción a la antropología general*. Madrid: Alianza.

HAYEK, F. A. (2020). *Camino de servidumbre*. Madrid: Alianza.

HEGEL, G. W. F. (1971). *Fenomenología del espíritu*. México DF: FCE.

— (2004). *Lecciones sobre la filosofía de la historia universal*. Madrid: Alianza.

HEISENBERG, W. (1927). «Über den anschaulichen Inhalt der quantentheoretischen Kinematik und Mechanik». *Zeitschrift für Physik, 43*(3), pp. 172-198.

HERDER EDITORIAL (s. f.). *Reificación*. En Enciclopedia Herder. Recuperado de https://encyclopaedia.herdereditorial.com/wiki/Reificaci%C3%B3n

HERNÁNDEZ, F. (2012). «La Escuela de Salamanca y la teoría subjetiva del valor». *Anuario Jurídico y Económico Escurialense*, XLV, pp. 531-556.

HESÍODO (2024). *Teogonía*. Madrid: Gredos.

HIRSCHBERGER, J. (1974). *Historia de la filosofía* (Vol. II). Barcelona: Herder.

HOBBES, T. (2018). *Leviatán: O la materia, forma y poder de una república eclesiástica y civil*. Barcelona: Deusto.

HUME, D. (2005). *Tratado de la naturaleza humana*. Madrid: Tecnos.

— (2007). *Investigación sobre el conocimiento humano*. Madrid: Alianza.

HUTCHINSON, K. D. (1952). «Marketing as a Science: An Appraisal». *Journal of Marketing, 16*(3), pp. 286-293.

JASON, G. J. (2024). «On the Rationality of Propaganda». *Philosophy International Journal, 7*(3), pp. 1-14.

JASPE NIETO, J. (2022). «La expulsión de la tauromaquia del reino de la cultura: El fin de los toros en Alcudia (Mallorca)». *Revista de Estudios Taurinos*, (50), pp. 167-215.

— (2023). *El baile de las Águilas y San Juan Pelós: misterio del folclore religioso mallorquín*. Ílu, 28, pp. 1-16.

KAHNEMAN, D. (2012). *Pensar rápido, pensar despacio*. Madrid: Debate.

KANT, I. (1994). *Fundamentación de la metafísica de las costumbres*. Madrid: Espasa-Calpe.

— (2006). *Crítica de la razón pura*. Madrid: Tecnos.

KAPUŚCIŃSKI, R. (1993). *El imperio*. Barcelona: Anagrama.

KOTLER, P., *et al.* (1992). *Marketing for Congregations: Choosing to Serve People More Effectively*. Nashville: Abingdon Press.

KUHN, T. S. (1962). *The Structure of Scientific Revolutions*. Chicago: University of Chicago Press.

LA CASA DE LA BIBLIA (2001). *Sagrada Biblia*. Madrid: La Casa de la Biblia / PPC / Sígueme / Verbo Divino.

LEIBNIZ, G. W. (2021). *Nuevos ensayos sobre el entendimiento humano*. Madrid: Alianza.

LINCOLN, B. (1991). *Death, War, and Sacrifice. Studies in Ideology and Practice*. Chicago: Chicago University Press.

MARÍN, K. (19 de agosto de 2001). «El amor es química, moléculas». *El País* [online]. Recuperado de https://elpais.com/diario/2001/08/19/ultima/998172002_850215.html

MARTÍNEZ, A. P. (2022). «De un entorno VUCA a un entorno BANI para dar sentido a este mundo de transformación constante». *Capital humano: revista para la integración y desarrollo de los recursos humanos*, (376), p. 24.

MARTÍNEZ SÁNCHEZ, J. J. y JIMÉNEZ, E. (2010). *Marketing*. Madrid: Firmas Press.MARX, K. (2000). *El capital* (Tomo I). Madrid: Akal.

– (2013). *Manuscritos de economía y filosofía*. Madrid: Alianza.

– (2013). *Contribución a la crítica de la economía política*. Madrid: Siglo XXI Editores.

McKENNA, R. (1991). «Marketing is everything». *Harvard Business Review*, 69(1), pp. 65-79.

NEWTON, I. (2022). *Principios matemáticos de la filosofía natural*. Madrid: Alianza.

ORTEGA Y GASSET, J. (1999). *La rebelión de las masas*. Barcelona: Austral.

– (2011). *España invertebrada*. Barcelona: Austral.

PÁJARO, C. J. (2004). *Poiesis y poesía de Homero a los sofistas. Eidos: Revista de Filosofía*, (2), 8-32.

PARMÉNIDES (1982). *Fragmento 8* (en H. Diels, *Die Fragmente der Vorsokratiker*, trad. R. Verneaux, en *Textos de los grandes filósofos: Edad antigua*, 5.ª ed., pp. 13-16). Barcelona: Herder.

PIAGET, J., y cols. (2021). *La representación del mundo en el niño*. Madrid: Morata.

PLATÓN (2013). *La República*. Madrid: Alianza.

POPPER, K. (2008). La lógica de la investigación científica. Madrid: Tecnos.

– (2014). *La miseria del historicismo*. Madrid: Alianza.

Pruss, A. R. (2018). *Infinity, Causation, & Paradox*. Oxford: Oxford University Press.

Rosenmeyer, T. G. (1989). *Senecan drama and Stoic cosmology*. Berkeley: University of California Press.

Russell, B. (2021). *Fundamentos de filosofía*. Barcelona: Penguin Random House.

Sánchez García, F. J. (2010). «Paralogismos y sofismas del discurso político español. La falacia política en un corpus de debates parlamentarios». *Anuario de estudios filológicos, 33*, pp. 271-290.

Sánchez Meca, D. (2013). *Historia de la filosofía antigua y medieval*. Madrid: Dykinson.

Sayés, J. A. (2006). *Escatología*. Madrid: Palabra.

Schmidt, S., & Eisend, M. (2015). Advertising repetition: A meta-analysis on effective frequency in advertising. *Journal of Advertising, 44*(4), pp. 415-428.

Sengupta, M. (1974). «On a concept of representative democracy». *Theory and Decision, 5*(3), p. 249.

Stanford Encyclopedia of Philosophy (2023). «Time». En *The Stanford Encyclopedia of Philosophy*. Stanford University. Recuperado de https://plato.stanford.edu/entries/time/

Spinoza, B. (1985). «Letter 50 (Nagelate Schriften): To the Most Worthy and Wise Mr. Jarig Jelles from B. D. S.,» from *The Collected Works of Spinoza*, vol. 2. Princeton, N. J.: Princeton University Press, pp. 406–407.

– (2022). *Ética demostrada según el orden geométrico*. Madrid: Alianza.

Starks, T. (2023). «Tobacco Product Design, Marketing, and Smoking in the USSR». En *Consumption and Advertising in Eastern Europe and Russia in the Twentieth Century* (pp. 243-264). Cham: Springer International Publishing.

Treml, V. G., Grossman, G., & Neuhauser, K. C. (1992). *A Study of Labor Inputs into the Second Economy of the USSR* (No. 33). WEFA Group.

Uhl, S. (2006). «Fundamentos filosóficos y empíricos de la investigación en ciencia de la educación». *Educación XX1, 9*, pp. 149-154.

VAAN, M. (2008). *Etymological Dictionary of Latin and the Other Italic Languages*, p. 450. Leiden: Brill.

VÁZQUEZ DE PRADA, V. (1976). *Historia económica mundial* (Vol. I, De los orígenes a la Revolución Industrial). Madrid: Rialp

VEIGA, F. (2011). *La fábrica de fronteras. Guerras de secesión yugoslavas, 1991-2001*. Madrid: Alianza.

VERNEAUX, R. (1971). *Lecciones sobre el ateísmo contemporáneo*. Madrid: Gredos.

VON MISES, L. (2023). *La acción humana. Tratado de economía*. Madrid: Unión Editorial.

WEBER, M. (2020). *Ética protestante y el espíritu del capitalismo*. Barcelona: Biblioteca Nueva.

WITTGENSTEIN, L. (2017). *Tractatus logico-philosophicus*. Madrid: Tecnos.

WOLFF, C. (2000) *Pensamientos racionales acerca de Dios, el mundo y el alma del hombre, así como sobre todas las cosas en general*. Madrid: Akal.

ZANDT, F. (13 de agosto de 2024). *Samsung, Apple and Xiaomi Command Half of the Global Smartphone Market in Q2 2024*. Recuperado de https://www.statista.com/chart/32252/global-quarterly-market-share-of-the-top-5-smartphone-vendors-by-shipped-devices/

Glosario de términos filosóficos clave

Acontinuación, recogemos la definición de un número considerable de los términos filosóficos que han ido sucediéndose en
las páginas precedentes con objeto de suavizar la lectura haciendo
más comprensibles todos aquellos argumentos que han puesto al
marketing en tela de juicio a lo largo del texto.

Absoluto. Lo que es independiente, incondicionado y autosuficiente. En metafísica, designa el ser o principio último que no
depende de nada más para ser.

Afecto. Estado emocional o tonalidad afectiva que modula la experiencia y la acción. Remite a disposiciones sensibles y energéticas
previas a la reflexión.

Alienación. Pérdida de la relación propia consigo, con los otros o
con la actividad vital. Implica extrañamiento respecto de la propia esencia o capacidades.

Antinomia. Contradicción entre dos principios o proposiciones
igualmente justificables, que revela límites conceptuales o de la
razón.

Antropología filosófica. Reflexión sobre la naturaleza, la estructura y el sentido del ser humano como ente singular integrado en el mundo y la cultura.

Apariencia. Lo que se manifiesta ante la percepción, pudiendo o no corresponder a la esencia o realidad profunda del objeto.

Argumento deductivo. Razonamiento en el que, dada la verdad de las premisas, la conclusión se sigue necesariamente según reglas lógicas.

Argumento inductivo. Razonamiento que extrapola conclusiones generales a partir de casos particulares; su fuerza es probabilística, no necesaria.

Atemporalidad. Estado o modo de ser que no está sometido al tiempo ni a sus dimensiones; implica inmutabilidad y ausencia de sucesión.

Axiología. Disciplina filosófica que estudia los valores, sus jerarquías y su fundamento, así como su papel en la acción y el juicio moral.

Azar. Conjunto de acontecimientos sin causa discernible o previsión sistemática; designa indeterminación relativa dentro de un sistema causal.

Causa eficiente. En la tradición aristotélica, agente o fuerza que produce un efecto determinado; aquello que desencadena el cambio.

Causa final. Meta u objetivo hacia el cual tiende un proceso; explicación teleológica basada en la finalidad del fenómeno.

Causa formal. La estructura o forma que determina la organización y esencia de algo según la metafísica aristotélica.

Causa material. Sustrato físico del que una cosa está hecha; componente que soporta la forma y permite su existencia.

Causalidad. Relación en la que un evento o estado produce o influye en otro, implicando dependencia sistemática y posibilidad de explicación.

Cierre categorial. Teoría (G. Bueno) según la cual cada ciencia se organiza como un sistema cerrado con conceptos propios, reglas internas y operatoriedad precisa.

Cognición. Conjunto de procesos mentales implicados en la adquisición, el procesamiento, el almacenamiento y el uso del conocimiento.

Condición necesaria. Requisito sin el cual un fenómeno no puede darse; su ausencia imposibilita el efecto aunque su presencia no lo garantice.

Condición suficiente. Condición cuya presencia asegura la ocurrencia de un fenómeno aunque no sea la única forma posible de producirlo.

Conjetura. Proposición hipotética cuya verdad no está demostrada, pero se plantea como posible explicación o punto de partida teórico.

Conocimiento. Creencia verdadera y justificada sobre un estado de cosas; implica posesión cognitivamente válida de información o comprensión.

Consciencia. Capacidad de experimentar estados subjetivos, percibir el entorno y reflexionar sobre sí mismo de modo explícito.

Contingencia. Aquello que puede ser de otro modo; no necesario. Designa la variabilidad y dependencia de condiciones específicas.

Cosmovisión. Estructura conceptual global desde la cual un sujeto interpreta la realidad.

Crítica. Examen racional que evalúa la validez de juicios, conceptos o sistemas.

Cualidad. Propiedad que determina el modo de ser de algo.

Cultura. Conjunto de pautas de pensamiento y conducta socialmente aprendidas.

Deducción. Inferencia en la que la conclusión se sigue necesariamente de las premisas.

Deontología. Doctrina normativa que define deberes y obligaciones morales.

Determinismo. Tesis según la cual todo acontecimiento está fijado por causas suficientes.

Dialéctica. Método racional que capta la realidad mediante oposiciones y su resolución.

Dualismo. Doctrina que afirma dos principios o sustancias irreductibles entre sí, por ejemplo, alma y cuerpo (dualismo antropológico).

Eficacia causal. Capacidad de un factor para producir un efecto.

Empirismo. Doctrina que fundamenta el conocimiento en la experiencia sensible.

Enajenación. Pérdida de la apropiación de sí mediante la objetivación o dependencia externa.

Entendimiento. Facultad de formular conceptos y juicios.

Entidad. Todo aquello que puede considerarse como existente o concebible.

Epistemología. Estudio filosófico de la naturaleza, el alcance y la validez del conocimiento.

Escepticismo. Doctrina que suspende o niega la posibilidad de conocimiento seguro.

Esencia. Conjunto de rasgos necesarios que constituyen lo que algo es.

Eternidad. Modo de ser caracterizado por la ausencia total de cambio y de sucesión temporal, en el cual lo real permanece íntegro en una presencia permanente e invariable.

Ética. Reflexión normativa sobre la acción humana y sus criterios de corrección.

Evidencia. Dato o razón cuya claridad justifica racionalmente una creencia.

Experiencia. Vivencia sensible o interna que da contenido al conocimiento.

Falacia. Razonamiento inválido que aparenta validez.

Fenómeno. Lo que aparece a la conciencia según sus condiciones de representación.

Finitud. Carácter de lo limitado en duración, capacidad o esencia.

Fundamentación. Justificación última de un enunciado o sistema.

Gnoseología. Análisis filosófico de las condiciones, las formas y los límites mediante los cuales se constituye el saber, especialmente en cuanto a su validez y estructura.

Hipótesis. Proposición provisional que guía la investigación.

Idea. Generalmente, contenido mental que representa un objeto. En la filosofía de Platón, forma pura e inteligible de cuya esencia participan (reciben el ser) los objetos sensibles.

Identidad. Principio por el cual algo es lo que es y no otro.

Incertidumbre. Imposibilidad de determinar con certeza un estado o resultado.

Inducción. Inferencia que generaliza a partir de casos particulares.

Infinitud. Carácter de lo ilimitado en extensión, cantidad o perfección.

Inmanencia. Condición de permanecer dentro del ámbito del ser considerado.

Juicio. Afirmación o negación que une conceptos en una proposición.

Ley científica. Enunciado universal que describe regularidades empíricamente confirmadas.

Libertad. En sentido positivo, la capacidad de autodeterminar la acción según fines propios. En sentido negativo, la ausencia de coerciones externas. Bajo la perspectiva kantiana, la autonomía de la voluntad que se da a sí misma la ley moral En un sentido espinosista o hegeliano, la conciencia de la necesidad.

Libre albedrío. Facultad de elegir entre alternativas posibles sin necesidad causal.

Lógica. Rama de la filosofía encargada de las formas y los métodos válidos de inferencia.

Magnitud. Propiedad cuantificable susceptible de medición.

Medición. Asignación de valores numéricos a una magnitud según reglas.

Metafísica. Rama de la filosofía encargada del estudio del ser en cuanto ser.

Modos del ser. Formas fundamentales en que algo puede existir.

Mundo exterior. Realidad objetiva independiente del sujeto cognoscente.

Naturaleza. Conjunto de todo lo que existe físicamente.

Necesidad. Carácter de lo que no puede ser de otro modo.

Noúmeno. Realidad en sí misma, independiente de la experiencia sensible.

Objeto. Aquello hacia lo que se dirige la conciencia cognoscente.

Ontología. Estudio de la estructura y las categorías fundamentales del ser.

Paradoja. Afirmación razonable que conduce a contradicción aparente.

Percepción. Captación sensible estructurada de objetos.

Potencia. En la filosofía peripatética (Aristóteles), capacidad de ser o actuar que aún no se actualiza.

Predicción. Enunciado sobre un estado futuro inferido de leyes o datos.

Premisa. Proposición que sirve de base para una inferencia.

Principio de identidad. Cada entidad es idéntica a sí misma.

Principio de no contradicción. Nada puede ser y no ser al mismo tiempo y en el mismo sentido.

Principio de razón suficiente. Todo hecho, estado o verdad requiere una razón que haga inteligible su ser o validez, razón que no necesariamente es causal, sino cualquier fundamento que lo explique o lo haga comprensible.

Probabilidad. Medida del grado de posibilidad de un suceso.

Realismo. Doctrina filosófica consistente en sostener que existe un mundo exterior al sujeto y que dicho mundo es accesible a su conocimiento.

Reduccionismo. Tesis que explica fenómenos complejos mediante elementos más simples.

Representación. Contenido mental que sustituye o figura un objeto.

Ser. Aquello que existe o puede existir; acto fundamental de realidad.

Síntesis. Integración unitaria de elementos diversos.

Subjetividad. Conjunto de estructuras internas que configuran la experiencia del sujeto.

Substancia. Aquello que existe por sí y sostiene accidentes.

Sujeto. Aquello que conoce, actúa o experimenta.

Sustancia infinita. Ser cuya esencia implica existencia ilimitada.

Tautología. Proposición verdadera en virtud de su forma lógica.

Teleología. Doctrina que explica la realidad por fines.

Temporalidad. Condición del ser sometido al transcurso del tiempo.

Teoría. Sistema conceptual que explica y organiza fenómenos.

Trascendencia. Ir más allá del ámbito dado c de la experiencia.

Universalidad. Validez o aplicabilidad en todos los casos de un tipo.

Valor. Cualidad normativa que orienta la preferencia o acción.

Verdad. Correspondencia, coherencia o adecuación entre juicio y realidad.

Voluntad. Facultad de elegir y dirigir la acción conforme a fines.